TOEIC® TEST 900点の条件

700点からはじめる
弱点自己診断と対策

石井辰哉
Tatsuya Ishii

CD BOOK

はじめに

みなさん、こんにちは。石井辰哉です。『TOEIC Test 900点の条件　700点からの弱点自己診断と対策』をお送りします。

TOEICの700点〜800点ぐらいになると、ボキャブラリー、リスニング、文法、読解、どの分野においても多少の得手不得手はあっても、それなりにできるとか、知らないことはあまり出てこないという方が多いようです。

その一方で、ここから先、何をやれば900点を取ることができるのかが見えにくくなっていることもあるのではないでしょうか。700点ぐらいまでは知らないことやできないことが多かったので、それをつぶしていけば自動的に伸びていたのに、それ以降は手に負えないことが少なくなってしまっているので、この先どうしたらいいのか分からないということになるようです。

そこで本書は、900点を取得するための指針となるべく、具体的に何ができるようにならなければならないのかを、12 からなる「900点の条件」という形で明確に提示しました。そして、それぞれの条件に付属している診断テストを解くことによって、自分に何が足りないのか、これから何をしていけばいいのかが分かるようになっています。

実際の試験では、苦手なところを得意なものでカバーしていくことになりますので、これらの条件を全て満たさなければ900点が取れないわけではありませんが、1冊終わる頃には、これまで気がつかなかった自分の弱点や傾向が分かり、きっとこれからの練習方針がはっきりすると思います。

本当の900点を目指して

また、本書は真の900点を目指すという視点で執筆しました。TOEICで900点というのは、一般の方から見ると尋常な点数ではありません。特に英語が苦手な方にとっては、まさに「ネイティブとほぼ同じレベルである」という思い込みもあるようです。

このため、たとえば、英語力が必要とされるような職場にいる場合、自分のスコアを申告すると、「900点あるんだから、これぐらいできるだろう」と思われて、高い英語力が必要な難しい仕事を任されたりするかもしれません。また、プライベートにおいても、友人に900点を取ったことを知られると、何かの書類の翻訳を頼まれたり、海外旅行の時に通訳させられたり、いろいろと当てにされがちです。このように、レベルが高ければ高いほど、切実に自分の英語力を心配しなければならないこともあるのです。

この結果、実際に900点を取得しても、上司や周りから期待される能力と自分の能力の差に戸惑う方も多く、900点を取得したのに会社に申告できない、周りの人に言えないという話もよく聞きます。せっかくがんばって900点を取ったのに、これではもったいないですね。

こういったことをふまえて本書では、テクニックや問題の傾向分析などに頼らず、純粋に英語力を向上させた結果、900点がコンスタントに取れるようになる、ということを目標に「900点の条件」を設定してあります。そのため診断テストの得点設定も厳しめです。私のレッスンではいつも、900点を目指す受講生の方には、「900点を取った後のことを考えて練習してください」とお願いしています。多くの方にとっては、900点という数字だけが重要なのではなく、900点というスコアと、それが想定する英語力の両方が必要なのではないでしょうか。実際に英語を使うご予定のある方は、900点を取ってから慌てなくてもすむように、ぜひ実用的な英語力を目指して練習してください。

この本が少しでもみなさんのお役に立てれば、著者として、そして英語講師として最高の幸せです。みなさんの目標が少しでも早く達成されることを、心よりお祈りいたしております。

石井辰哉

TOEIC® TEST 900点の条件

CONTENTS

はじめに　3
本書の構成　8

Chapter 1 ● Vocabulary　ボキャブラリー編　9

900点問診票　10

900点の条件1　試験中に知らない単語は（ほとんど）出てこない　12
診断テスト1―反応速度を測る　19
診断テスト2―複数の意味を知っているかどうかを測るテスト　26

900点の条件2　単語を聞いたときでも瞬時に意味を思い出せる　36
診断テスト3―単語を聞いて意味を答える　39

900点の条件3　初級・中級レベルのものは使い方まで覚えている　47
診断テスト4―単語を正確に使えるかを測る　52

条件を満たすための学習法　68
単語集を使った学習法　69
コラム　本当に覚えが悪くなったのか　71

Chapter 2 ● Listening　リスニング編　73

900点問診票　74

900点の条件4　不得意なアクセントがなく、リスニング問題で単語自体が
　　　　　　　　聞き取れないことが（ほぼ）ない　76
　　診断テスト 5―苦手なアクセントを確認する　83
　　診断テスト 6―単語の聞き取り能力を測る　94

900点の条件5　聞き取れた分だけきちんと理解できる　104
　　診断テスト 7―聞きながら文法を処理しているかどうかを測る　109
　　診断テスト 8―本当に理解できているかを測る　116

900点の条件6　全体の流れが取れており、内容を覚えていられる　130
　　診断テスト 9―内容を覚えていられるかを測る　134

条件を満たすための学習法　148
リスニング練習法　149
　　コラム　リーディング力も問われるPart3とPart4　151

Chapter 3 ● Grammar　グラマー編　153

900点問診票　154

900点の条件7　苦手な文法項目はなく、どの項目も正確に使える　156
　　診断テスト 10―さまざまな文法を確認する　160

900点の条件8　簡単な項目を決して間違えない　184
　　診断テスト 11―簡単な項目を間違えていないか　190

900点の条件9　選択肢がなくてもPart5とPart6の問題が解ける　200
　　診断テスト 12―英文からヒントを得ているかを測る　204

条件を満たすための学習法　216
グラマー練習法　217
　　コラム　目安は14時7分　220

Chapter 4 ● Reading　リーディング編　223

900点問診票　224

900点の条件 10　1分間に150〜180語以上のスピードで読み、正確に理解できる　226

診断テスト 13——文法・構文を処理しているかを測る　235

診断テスト 14——一度で英文を理解できるかどうかを測る　245

コラム　問われる国語力　259

900点の条件 11　長文の内容を覚えているので、長文に戻らなくても答えが分かる　260

診断テスト 15——どれくらい内容を覚えているかを測る　264

900点の条件 12　語彙への依存度が低く、文脈から単語の意味を推測することができる　296

診断テスト 16——単語の依存度を測るテスト　301

条件を満たすための学習法　311
リーディング練習法　312
コラム　あれば有利な一般常識　315

900点問診票の集計　316
達成度の集計　318

本書の構成

本書は、
Chapter 1　ボキャブラリー編
Chapter 2　リスニング編
Chapter 3　グラマー編
Chapter 4　リーディング編
の4つの章から構成されています。各章の構成は次の通りです。

900点問診票

現在のご自分の傾向について15個の質問がありますので、それぞれ0（まったく当てはまらない）から4（とても当てはまる）の5段階で点数をつけてください。

900点の条件

900点を取るために何ができなければならないのかを提示しています。それぞれの章で「900点の条件」を3つずつ提示しています。

診断テスト

900点の条件をどれぐらい満たしているかを測るテストです。1つの条件につき1～2つ、合計で16の診断テストがあります。診断テストの結果は得点に換算され、条件1つが10点満点になります。700点で1点前後取れるようにしています。巻末で集計しますので、自分の英語力の傾向や弱点を分析しましょう。9割が目標ですが8割で900点圏内です。

条件を満たすための学習法

条件を満たすためにどのような練習をすればよいのか、方針と学習法がまとめてあります。

Vocabulary

Chapter 1 ● ボキャブラリー編

900点問診票
Chapter 1 ● ボキャブラリー編

次のそれぞれの項目について、0（まったく当てはまらない）〜 4（とても当てはまる）の 5 段階で点数をつけてください。この結果は p.316 で集計します。

Q1	TOEIC 試験中に、知らない単語がわりとよく出てくる。	/4
Q2	意味はなんとか覚えているが、思い出すのに時間がかかる単語や、なんとなくこんな感じという漠然とした意味しか覚えていないという単語が多い。	/4
Q3	ボキャブラリーに関する問題が苦手で、スコアレポートの「語彙が理解できる」の項目が 90% に満たないことがある。	/4
Q4	中級レベルの単語集を見ても、即座にはっきりと意味を言えない単語が結構ある。	/4
Q5	単語を暗記するときに、自分なりに正確な発音で、何度も口に出して覚えるというやり方はしていない。	/4
Q6	単語を暗記するときに、CD などの音声を聞かない、または、聞いても、単に聞き流すだけに終わってしまう。	/4
Q7	単語を暗記するときに、何度も書いて覚えることがあまりない。	/4

Q8	英文を読んでいるとき、単語を読み間違って、別の単語と勘違いすることがあり、しかもその場でなかなか気がつかない。	/4
Q9	覚えている単語でも、耳で聞いたときには瞬時に認識できないことや、意味を思い出せないことがある。	/4
Q10	初級〜中級レベルの単語でも、意味は覚えているのに使い方まできちんと把握していないものが結構ある。	/4
Q11	900点を狙っているので、レベルの高い単語集を購入するが、途中で挫折しがちで、単語集がインテリアの一部と化すことがある。	/4
Q12	たいていの単語は、1つの意味しか覚えていない。	/4
Q13	似た意味をもつ単語の区別が苦手で、微妙なニュアンスの差が分かっていないと思う。	/4
Q14	単語集を使って暗記するとき、単語訳や例文の意味を深く考えないうちから、とにかく単語訳を丸暗記してしまいがち。また、例文をそれほど気合いを入れて読まない。	/4
Q15	発音記号が読めない。または、発音記号のそれぞれについてどのような音を表すのかよく分かっていない。	/4

合計点数

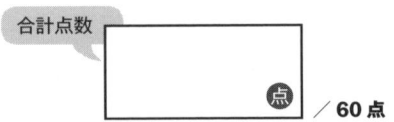

点 /60点

900点の条件 1

試験中に知らない単語は（ほとんど）出てこない

●中級単語集を制覇したか

ボキャブラリーは、すべてのパートに影響する重要な役割を果たします。Part 5（短文穴埋め）や Part 6（長文穴埋め）における語彙問題だけでなく、長文読解、さらにはリスニングなど、どのパートでも知らない単語が出てくるとそれだけで不利になります。

実際の試験では、たとえ 900 点を超えていても、知らない単語が出てくることもありますから、知らない単語が 1 つでも出てくると 900 点が取れないわけではありません。しかし、試験中に 5 つも 6 つも出てくるようでは、多すぎます。

そこで、900 点を突破するために、知らない単語が試験中に（ほとんど）出てこないようにしてください。そのための具体的な目標として、まずは、

> 中級レベルの単語集を**数冊**完全制覇する

ということから始めましょう。

このときに大切なのは、中級レベルの単語を完璧にするまでは、上級者向けの単語集に進まないということです。1 つの単語集に収録できる単語数には上限があります。見出し語だけで言えば 1 冊あたり 1500 語前後が普通でしょう。そして、そのために 900 点を目指すのに必要な中級レベルの単語全てを 1 冊で完全にまかなうことはできません。ですから、中級者向けの単語集を 1 冊終えたからといって、それで中級レベルをマスターしたことにして、上級者向けの単語集に進むと、

中級レベルの単語に穴ができてしまう恐れがあるのです。そうならないために、中級レベルの単語集を数冊こなした上で、上級に進んでください。特に、自分の所有している単語集はちゃんと覚えたのに、実際の試験ではうろ覚えの中級単語がよく出てくるという場合は要注意です。

TOEIC のリスニングや文法、長文問題で使われる単語を、初級・中級・上級に分けた場合、そのそれぞれが同じ個数ずつあるわけではありません。初級が圧倒的多数で、上級に至ってはかなり少なくなります。

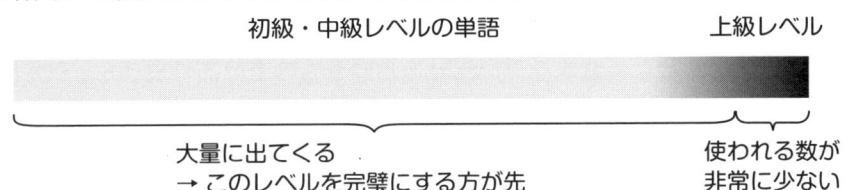

上図のように、上級レベルの単語というのは出現数が極めて限られており、大多数が初級・中級で出てくる単語です。

しかも、初級・中級レベルの単語は、出題頻度が高くなります。たとえば、同じ回の試験で、同じ単語がリスニング、グラマー、リーディングのいずれにも出てくることすらあり得るのです。

高レベルの単語というのは、万が一出てきても大丈夫なようにしておくためのものであり、もちろん出題される可能性があるので、覚えておかなければなりません。しかし、その前に、出題頻度が高い単語が多数収録されている、初級・中級レベルの単語集を先に完璧にしておいた方が効率がよいということなのです。

単語集を選ぶときには自分に正直になることが大切です。900 点を目指しているときは、目が上に向きがちです。高い目標を持つことはよいことなのですが、だからといって、焦ってしまって自分よりレベルの高いものを選ばないようにしてください。たとえ TOEIC のスコアが同じでも、単語が苦手な方と得意な方がいるはずです。「自分は 900 点を目指しているのだから」といって、無理して上級向けの単語集を購入してしまうと、中級レベルの単語をおろそかにしてしま

うことになります。背伸びして難しいものを選ばず、すでに見覚えのある単語が多数含まれているものを選び、その代わり、完璧に、素早く終わらせるつもりでやってください。特に、上級向け単語集を購入すると、すぐに挫折してインテリアの一部になってしまうという方は、本当に中級単語が完璧かを確認してください。

●本当に覚えているのか

900点を取るために単語の暗記は重要ですが、ここでいう「単語を覚える」というのは、なんとなく意味を思い出せるというものではありません。TOEICはスピードを要求されるテストです。たとえ単語の意味を覚えているといっても、思い出すのに時間がかかっては、足を引っ張られることになります。

そこで、単語を見たら、反射神経のように瞬時に反応することができるようにしておいてください。「覚えた気になっているだけの単語」や「思い出すのに何秒もかかる単語」の数を増やさないように、そして、それらが増えたからといって習得した気になってしまわないように注意が必要です。

また、「なんとなくこんな感じの意味」ということさえ分かれば、はっきりと単語訳を思い出せなくても、「覚えている」と思っていませんか。TOEICでは通訳や翻訳能力を問われるわけではありませんので、単語を厳格に日本語に訳せる必要はありません。ただし、だからといって、ぼんやり分かっているだけではダメです。単に見覚えがあって、ぼんやりとした状態を「知っている」とか「覚えている」と考えないでください。同じ難易度の単語でも、瞬時に単語訳も言えて、どんな意味なのかを説明できるくらい深く理解している単語もあるはずです。そういった語と比べて、「自分はこの単語を本当に深く分かっている」と思えるのかどうかを考えましょう。

|例|

book	→	瞬時に単語訳が出る
subscribe	→	瞬時に単語訳が出る
designate	→	瞬時には単語訳が出ないが、分かっているつもり

本当に、この3つは同じぐらい深く正確に暗記できているのか、自分に正直になって考える

単語を見てすぐに意味を口に出せないのに、「意味は分かるんだけど、うまいこと日本語に出ないだけ」という人をよく見かけます。でも、それは、実はそこまで深く暗記していないのに、「覚えていることにしたい」という自分の気持ちから来ているのではないかを必ず見極めてください。その上で、本当に瞬間的にイメージや印象に転化できるのであれば、たとえ単語訳が出なくても覚えたことにして大丈夫です。たとえば、sightseeing はよくご存じの単語だと思います。仮にこの単語の意味を問われたときに、たまたま度忘れして「観光」という日本語訳が瞬時に出てこなくても、具体的なイメージはちゃんと頭の中にあり、何をすることかも説明できると思います。その場合は、日本語にならなくても問題はありません。

いずれにしても、本当に覚えているかどうかは自分にしか分かりません。900点を目指す以上、これまでよりは厳しくチェックし、「本当に覚えている」のか、それとも「覚えたことにしたい」のかを見極めてください。

また、例文なしでも一瞬で思い出せるようにしておきましょう。例文を使ってぎりぎり思い出せる程度だと、穴埋め問題で似たようなスペルの単語から正答させるような語彙問題は解けません。あくまでも例文なしで、瞬時に思い出せることが合格ラインであり、それ以下は不合格であるという認識を持ってください。思い出すのに時間がかかる単語は「知っている」もの扱いしてはいけないということです。700点を目指すときと、900点を目指すときでは、同じ単語でも合格ラインが異なるのです。

> Check!
>
> 診断テスト1では、中級レベルの単語のテストを行ない、どの程度すばやく意味を出せるのかを測ります。

●本当に正確な意味を知っているか

単語を暗記するとき、例文や単語訳を深く読まずに丸暗記してしまった単語はありませんか。もしそうなら、単語訳が言えるだけで、本当の意味が分かっていないものや、あやふやなものもあるかもしれません。そして、もし単語訳の意味が曖昧にしか分かっていないのであれば、たとえ単語を見て単語訳を瞬時に思い出すことができたとしても、やはり曖昧にしか分かっていないことになるのです。

たとえば、depreciation を考えてみましょう。これをたとえ「減価償却」だと丸暗記したところで、「減価償却」が何をすることなのかが分かっていなければ、単語訳を丸暗記しても、結局は理解できていないことになるのです。

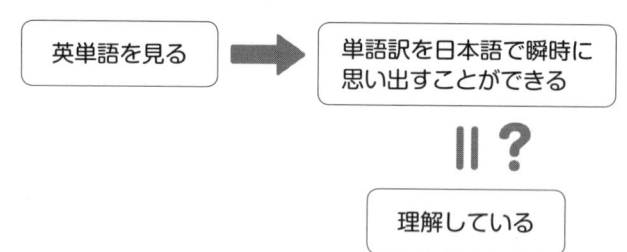

単語訳を思い出せるからといって、必ずしも理解できているとは限らない

このことは、専門用語だけではありません。もっと、日常的な単語にも起こります。たとえば、admit という単語を覚えるとしてください。そして、単語集や辞書に、

> admit「(入場、入学、入園などを) 認める、許可する」

と書いてあった場合、早く覚えたいという気持ちのあまり、ややこしそうなカッコの部分をあまり読まないうちに覚えようとするということはありませんか。

　　　　　　　　　　　　　　　　　──この部分だけ暗記してしまう
　　（入場、入学、入園などを）認める、許可する
　　↑
　　この部分は注意を払っていない

上記のように、単に「認める、許可する」という意味で覚えていても、たとえば、建設の許可を与えるという意味で使えるのかが分からないと、実際に admit を選んではいけないところで選んでしまったり誤解したりする恐れがあります。

このように、瞬時に単語の訳を思い出せるからといって、本当にその単語の意味が分かっているとは限らないのです。そうならないために、単語の意味を覚える際には、単語訳や例文もよく読んで、微妙なニュアンスまでつかむようにしてください。覚える段階で把握していないと、覚えた気になっているだけで実は分かっていないということにつながります。単純に、単語→単語訳の変換ができるだけで覚えたことにしないように注意が必要です。

● 1つの単語で複数の意味を知っているか

単語集を使って単語を暗記するとき、一度にたくさんの単語の意味を覚えるために、1つの単語＝1つの意味という覚え方になってはいませんか。

しかし、多くの単語には複数の意味があり、そのうちの1つしか覚えていないと、それ以外の意味で使われたときに、結局は「知らない単語」と同じことになってしまいます。それどころか、「自分はこの単語の意味を知っている」と思いこむので、自分が覚えた意味を使ってむりやり文全体を理解しようとしてしまうこともあり、そうなると、かえってまったく知らなかったほうがよかったということすらあります。

次の文の意味を考えてみてください。

> After thinking carefully, the shop clerk offered to install the TV set for the customer for no consideration.

もし、この文の意味を漠然と、

　「注意深く考えた後、店員は、その客のためにTVを取り付けることを考えなしに申し出た」

のような感じで取っていたら、要注意です。最初に「注意深く考えた」と言っているのに、「考えもなしに申し出た」というのはおかしいですよね。それに、前置詞がforというのもしっくりきません。

ここでは、considerationは「報酬」という意味で使われています。つまり、「タダでTVを取り付けようと申し出た」ということですね。ところが、considerationは「考慮」という意味だと思いこんでいると、これに合わせて文意を取ろうとするので、前後の文脈を考慮に入れなかったり、前置詞などの文法項目を無視したりするのです。

特に初級から中級の単語の多くは、2つ以上の意味を持ち、いずれも重要な意味であることが多いです。そのため、1つの単語につき1つの意味で覚えている方は、自分が覚えたと思い込んでいる単語に足を引っ張られていることがよくあるのです。

このようなことにならないように、単語集を使って単語を覚えるとき、もし2つ以上の意味が掲載されているなら、少なくとも重要そうなものだけでも、すべて暗記するように心がけてください。

Check!
> 診断テスト2では、複数の意味を持つ単語のテストを行ないます。

診断テスト 1 ― 反応速度を測る

それでは、実際にどの程度条件を満たしているか、診断してみましょう。

診断テスト1では単語に対する反応速度を測ります。40個の単語の意味をできる限り速く思い出して口に出すというテストで、Test 1 と Test 2 があります。テストは次の段取りで行なってください。

① ストップウォッチを用意する
② 計測開始と同時に、単語を声に出して読み上げ、意味も口に出す
③ 覚えていないものにはチェックを入れる
④ 解答を見て確認し、かかった時間と誤答数からスコアタイムを算出する
⑤ 最後に達成度を計算する

必ず単語を読み上げ、うろ覚えの単語でも、「知っている」と勘違いしないように単語訳も口に出してください。採点の基準時間は単語と単語訳の両方を口に出したときの時間です。意味を口に出せないものは、誤答扱いしましょう。ただし p.15 でも述べたとおり、単語訳が出せなくても、きちんとイメージがあれば大丈夫です。訳が言えたもの、または、言葉にはできなくても強烈にイメージに描けるものだけを正答とし、それ以外は覚えていないものとしてチェックを入れてください。

もし、知らない単語や瞬時に意味が思い出せない単語が出てきた場合は、すぐにパスして次の単語に移ってください。スコアは秒数で算出しますので、悩んでいるヒマはありません。ただし、パスや誤答は採点時に1問あたり5秒加算されます。1つの単語につき2.5秒で単語と日本語訳を口に出し、誤答がなければ満点となる計算になります。

練習問題を用意しましたので、まずは段取りをつかんでください。

練習

前ページの段取りに従って、次の20問のスコアタイムを出しましょう。

		パス・誤答			パス・誤答
1	convenient	☐	11	appropriate	☐
2	repair	☐	12	renovation	☐
3	accountant	☐	13	invite	☐
4	destination	☐	14	detail	☐
5	procedure	☐	15	recommendation	☐
6	register	☐	16	impressive	☐
7	purchase	☐	17	encourage	☐
8	submit	☐	18	artificial	☐
9	invention	☐	19	plant	☐
10	vital	☐	20	prohibit	☐

下記の解答を見て意味を確認し、結果を以下に記入してください。

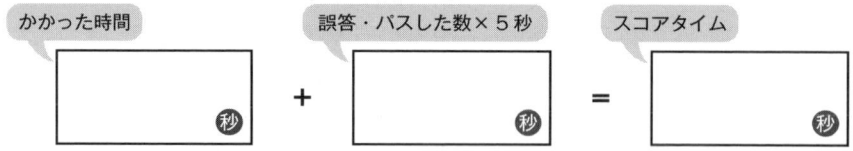

解答　下記の単語訳以外でも、辞書に載っているものであれば正解にしてください。

1	便利な	6	登録する	11	適切な	16	印象的な
2	修理する	7	購入（する）	12	改装	17	励ます、勧める
3	会計士	8	提出する	13	招待する	18	人工の
4	目的地	9	発明、発明品	14	詳細	19	植物、工場
5	手続き	10	重要な	15	推薦、勧告	20	禁止する

それでは、診断テストに挑戦してみましょう。

Test 1

#	単語	パス・誤答	#	単語	パス・誤答
1	accommodation	☐	21	assignment	☐
2	postpone	☐	22	indispensable	☐
3	supervise	☐	23	enroll	☐
4	participant	☐	24	tentative	☐
5	commodity	☐	25	anticipate	☐
6	instruction	☐	26	experienced	☐
7	overdue	☐	27	relevant	☐
8	adjourn	☐	28	commensurate	☐
9	substantial	☐	29	reduce	☐
10	satisfactory	☐	30	proposition	☐
11	retrieve	☐	31	feature	☐
12	property	☐	32	commence	☐
13	circumstance	☐	33	alleviate	☐
14	consequence	☐	34	expire	☐
15	exquisite	☐	35	ingredient	☐
16	subscribe	☐	36	designate	☐
17	enhance	☐	37	reimburse	☐
18	warranty	☐	38	fare	☐
19	appliance	☐	39	commitment	☐
20	preserve	☐	40	prospective	☐

p.24 の解答を見て答えを確認し、誤答があれば上記のチェックボックスに印を付けましょう。

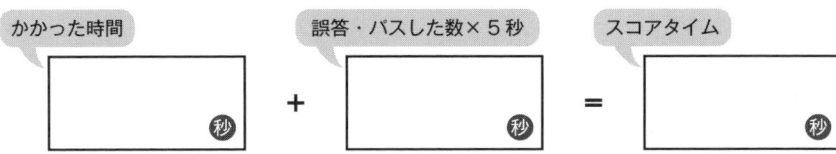

かかった時間 (秒) + 誤答・パスした数×5秒 (秒) = スコアタイム (秒)

Test 2

#	単語	パス・誤答	#	単語	パス・誤答
1	inventory	☐	21	complimentary	☐
2	prominent	☐	22	grocery	☐
3	critic	☐	23	gratitude	☐
4	invoice	☐	24	defective	☐
5	revenue	☐	25	branch	☐
6	representative	☐	26	comprehensive	☐
7	exhibit	☐	27	impose	☐
8	renowned	☐	28	specifications	☐
9	specify	☐	29	facilitate	☐
10	efficient	☐	30	tendency	☐
11	attractive	☐	31	adequate	☐
12	spacious	☐	32	specifically	☐
13	deficit	☐	33	suffice	☐
14	acknowledge	☐	34	detach	☐
15	diversity	☐	35	appraisal	☐
16	constructive	☐	36	notable	☐
17	janitorial	☐	37	implement	☐
18	namely	☐	38	utensil	☐
19	emphasis	☐	39	disrupt	☐
20	compel	☐	40	prolong	☐

p.25 の解答を見て答えを確認し、誤答があれば上記のチェックボックスに印を付けましょう。

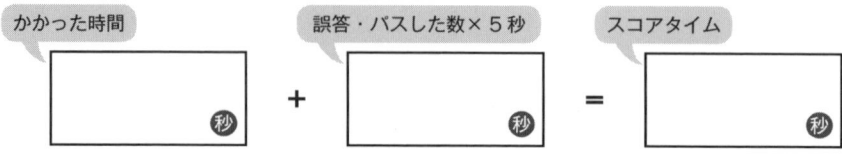

達成度の計算

1 次ページからの解答例を見て正解を確認し、採点してください。そして、Test 1 と Test 2 のスコアタイムを足して、合計タイムを算出します。

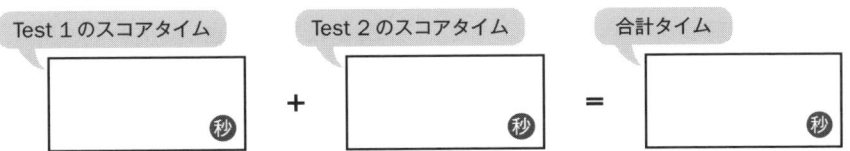

2 下記の表から診断テスト 1 の得点を求めます。

太枠 900 点圏内

合計タイム	得点
200 秒以下	**5 点**
201 秒～ 240 秒	**4 点**
241 秒～ 290 秒	**3 点**
291 秒～ 340 秒	**2 点**
341 秒～ 400 秒	**1 点**
401 秒以上	**0 点**

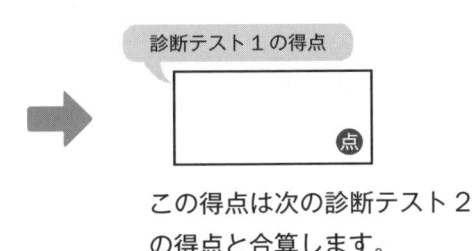

この得点は次の診断テスト 2 の得点と合算します。

3 診断テスト 2 に進んでください。

Answers - Test 1

以下は解答例です。これ以外の答えでも、辞書にあるものであれば正解にしてください。

1	宿泊施設	21	任務、課題
2	延期する	22	必要不可欠な
3	監督する	23	入学する、入会する
4	参加者	24	仮の
5	商品	25	予期する
6	指示	26	経験を積んだ
7	期日を過ぎた	27	関連した
8	休会する、一時休止する	28	応じた、相応の
9	相当な、かなりの	29	減らす
10	満足のいく	30	提案（propose の名詞形）
11	回収する、検索する	31	特集記事、呼び物、特集する
12	財産、不動産	32	はじめる
13	状況	33	和らげる
14	結果として起こること	34	期限が切れる
15	すばらしい、極上の	35	材料
16	定期購読する	36	指定する
17	強める、より良くする	37	払い戻す
18	保証	38	運賃
19	器具	39	献身、約束
20	保存する	40	見込みのある、そうなりそうな

Answers - Test 2

以下は解答例です。これ以外の答えでも、辞書にあるものであれば正解にしてください。

1	在庫、在庫調べ	21	無料の
2	傑出した	22	食糧雑貨、食糧雑貨店
3	批評家、評論家	23	感謝
4	送り状	24	欠陥のある
5	歳入、収入	25	支店、枝
6	代表、外交販売員	26	包括的な
7	展示する、展示品	27	課す
8	著名な	28	仕様書、仕様
9	明記する	29	容易にする
10	効率のよい	30	傾向
11	魅力的な	31	十分な
12	広々とした	32	具体的に言うと、特に
13	赤字	33	十分である
14	認める、認知する	34	切り離す
15	多様性	35	評価、査定
16	建設的な	36	注目に値する、有名な
17	管理人の、ビル管理にともなう	37	実行する
18	すなわち	38	器具
19	強調	39	阻害する
20	強いる	40	引き延ばす

診断テスト 2 ── 複数の意味を知っているかどうかを測るテスト

診断テスト 2 は、初級～中級レベルの単語について、よく覚えられている意味以外の意味を問うテストです。単語ではなくフレーズで出題していますので、前後の意味に合うものを答えてください。時間制限はありませんが、スムーズに思い出せないものは点数に入れないでください。

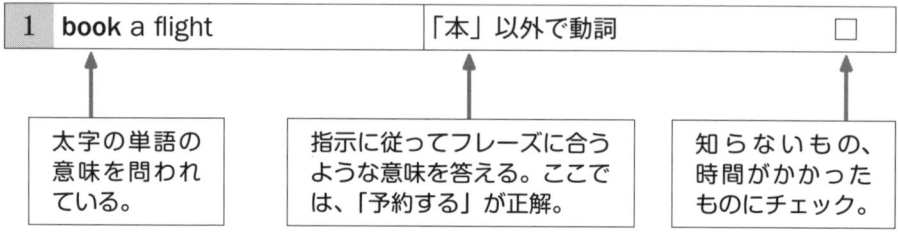

答えられなかったら、チェックボックスに印を付けます。答えは必ず口に出してください。「なんとなくこんな感じ」というだけのものを「知っている」と取らないように。

また、ここでは本当に最初から知っているかどうかを確認してください。特定の意味を問うためにフレーズで出題していますが、このテストはあくまでもすでに知っていたかどうかを問うものです。フレーズの内容から推測して当てても正答にしないでください。最初から知っているか、そうでないのかは自分が一番よく分かっているはずです。

なお、このテストには練習はありません。問題は、Test 1 と Test 2 それぞれ 40 問で、目標は 72 問正解です。

Test 1

			パス・誤答
1	**introduce** the system	「紹介する」以外で動詞	☐
2	a **circulation** of 150,000	「循環」以外で名詞	☐
3	the money in the **safe**	「安全な」以外で名詞	☐
4	a 25-**story** office building	「話」以外で名詞	☐
5	**observe** the regulations	「観察する」以外で動詞	☐
6	**balance** of my bank account	「バランス、均衡」以外で名詞	☐
7	**maintain** that S+V	「保守する、維持する」以外で動詞	☐
8	the **board** of the company	「板、搭乗する」以外で名詞	☐
9	household **articles**	「記事」以外で名詞	☐
10	Mr. Lee's **extension** number	「拡張」以外で名詞	☐
11	the **minutes** of the meeting	「分」以外で名詞	☐
12	**securities** company	「安全」以外で名詞	☐
13	pay by **check**	「チェック、検査」以外で名詞	☐
14	**succeed** the manager	「成功する」以外で動詞	☐
15	life **policy**	「方針、政策」以外で名詞	☐
16	**address** the problem	「住所」以外で動詞	☐
17	**refer** him to another hospital	「参照する」以外で動詞	☐
18	**quote** a price	「引用する」以外で動詞	☐
19	**accommodate** his request	「宿泊させる」以外で動詞	☐
20	a **touch** of a cold	「触る、接触」以外で名詞	☐
21	pricing **schedule**	「スケジュール」以外で名詞	☐
22	the desk in his **study**	「勉強」以外で名詞	☐
23	**work** the clay	「働く」以外で動詞	☐
24	the **sole** of my left sandal	「唯一の」以外で名詞	☐
25	**hood** of the car	「フード、頭巾」以外で名詞	☐

26	the **proceeds** from the event	「前進する」以外で名詞	☐
27	the **bank** of the river	「銀行」以外で名詞	☐
28	repair a water **main**	「主要な」以外で名詞	☐
29	a **delicacy** in the region	「繊細さ、思いやり」以外で名詞	☐
30	**apply** some lipstick	「申し込む、当てはまる」以外で動詞	☐
31	talk in a friendly **fashion**	「ファッション」以外で名詞	☐
32	to **saw** the wood	「see の過去形」以外で動詞	☐
33	pay for full **board**	「板、取締役会」以外で名詞	☐
34	the **nature** of the accident	「自然」以外で名詞	☐
35	**project** sales growth	「プロジェクト」以外で動詞	☐
36	**rinse** the clothes	「リンス剤、毛染め液」以外で動詞	☐
37	a **copy** of the magazine	「コピー、複写」以外で名詞	☐
38	safety **measures**	「計測(する)」以外で名詞	☐
39	the November **issue**	「問題」以外で名詞	☐
40	**assume** responsibility	「推測する」以外で動詞	☐

p.32 の解答を見て答えを確認し、誤答があれば上記のチェックボックスに印を付けましょう。

答えられた数

個

Test 2

			パス・誤答
1	2.6% **interest**	「興味、関心」以外で名詞	☐
2	**immediate** superior	「即時の」以外で形容詞	☐
3	request your **company**	「会社」以外で名詞	☐
4	a **sound** investment decision	「音」以外で形容詞	☐
5	claim a medical **benefit**	「利益」以外で名詞	☐
6	economic **climate**	「気候」以外で名詞	☐
7	an **outstanding** bill	「傑出した」以外で形容詞	☐
8	the name of the **reference**	「参照」以外で名詞	☐
9	**issue** an ID card	「問題」以外で動詞	☐
10	the local **chapter**	「章」以外で名詞	☐
11	sell local **produce**	「生産する」以外で名詞	☐
12	leave **room** to be desired	「部屋」以外で名詞	☐
13	**compromise** security	「妥協する」以外で動詞	☐
14	**way** too much	「道、方法」以外で副詞	☐
15	**faculty** members	「能力」以外で名詞	☐
16	a job **fair**	「公正な」以外で名詞	☐
17	the **chair** of the committee	「イス」以外で名詞	☐
18	help the **cause**	「原因」以外で名詞	☐
19	**stock** exchange	「在庫」以外で名詞	☐
20	sales **figures**	「姿、人物像」以外で名詞	☐
21	a good **command** of English	「命令(する)」以外で名詞	☐
22	**outlet** in the wall	「小売店、特約店」以外で名詞	☐
23	develop **contacts**	「接触、連絡」以外で名詞	☐
24	**compensation** for extra work	「償い、賠償」以外で名詞	☐
25	**produce** your ID card	「生産する」以外で動詞	☐

26	a **drawing** for a trip to Paris	「線画、デッサン」以外で名詞	☐
27	**refuse** from the building site	「拒否する」以外で名詞	☐
28	pay a heavy **fine**	「元気な」以外で名詞	☐
29	**furnish** details	「家具を備え付ける」以外で動詞	☐
30	**terms** of the contract	「期間、学期」以外で名詞	☐
31	in a friendly **manner**	「マナー、礼儀」以外で名詞	☐
32	a new **line** of cell phones	「線」以外で名詞	☐
33	have the doctor **paged**	「ページ」以外で動詞	☐
34	**administer** medicine	「管理する」以外で動詞	☐
35	the **make** of his car	「作る」以外で名詞	☐
36	**resort** to borrowing money	「リゾート地」以外で動詞	☐
37	a **novel** approach	「小説」以外で形容詞	☐
38	suitable for **lay** readers	「横たえる」以外で形容詞	☐
39	reach a **bargain**	「お買い得品」以外で名詞	☐
40	**develop** photos	「開発する」以外で動詞	☐

p.34 の解答を見て答えを確認し、誤答があれば上記のチェックボックスに印を付けましょう。

答えられた数

［　　　　　］個

達成度の計算

1 次ページからの解答例を見て答えを確認して、Test 1 と Test 2 の正答数を足して、合計正答数を算出します。

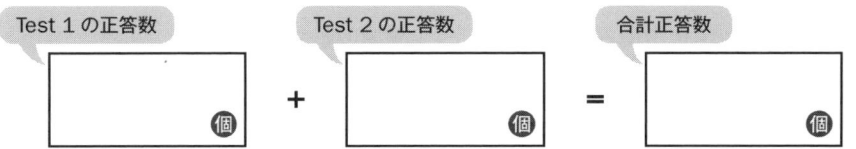

2 下記の表から、診断テスト2の得点を求めてください。

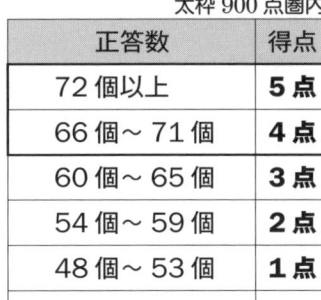

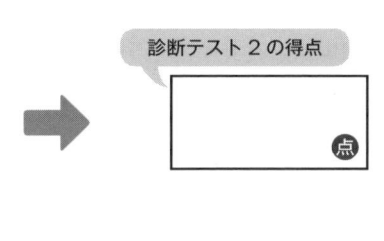

太枠 900 点圏内

正答数	得点
72 個以上	**5 点**
66 個〜 71 個	**4 点**
60 個〜 65 個	**3 点**
54 個〜 59 個	**2 点**
48 個〜 53 個	**1 点**
47 個以下	**0 点**

3 診断テスト1と2の得点を合計し、条件1の総合得点を計算します。p.318 のスコアシートに書き写しましょう。

この結果を持って p.318 の
スコアシートに Go

Answers - Test 1

1	**introduce** the system	システムを**導入する**
2	a **circulation** of 150,000	15万部の**発行部数**
3	the money in the **safe**	**金庫**のお金
4	a 25-**story** office building	25**階建て**のオフィスビル
5	**observe** the regulations	規則を**順守する**
6	**balance** of my bank account	私の口座の**残高**
7	**maintain** that S+V	SがVすると**主張する**
8	the **board** of the company	会社の**取締役会**
9	household **articles**	家庭**用品**
10	Mr. Lee's **extension** number	Mr. Leeの**内線**番号
11	the **minutes** of the meeting	会議の**議事録**
12	**securities** company	**証券**会社
13	pay by **check**	**小切手**で払う
14	**succeed** the manager	部長を**引き継ぐ**
15	life **policy**	生命**保険契約証書**
16	**address** the problem	その問題に**取り組む**
17	**refer** him to another hospital	彼を別の病院に**回す、紹介する**
18	**quote** a price	価格を**見積もる、言う**
19	**accommodate** his request	彼の要望を**受け入れる、〜に対応する**
20	a **touch** of a cold	風邪**気味**（軽い症状）
21	pricing **schedule**	価格**表**
22	the desk in his **study**	彼の**書斎**の机
23	**work** the clay	粘土を**こねる**
24	the **sole** of my left sandal	私の左のサンダルの**靴底**
25	**hood** of the car	車の**ボンネット**

26	the **proceeds** from the event	イベントからの**収益金**
27	the **bank** of the river	川の**土手**
28	repair a water **main**	水道の**本管**を修理する
29	a **delicacy** in the region	その地域の**珍味**
30	**apply** some lipstick	口紅を**塗る**
31	talk in a friendly **fashion**	親しげな**やり方**で話す、**方法**
32	to **saw** the wood	木を**のこぎりで切る**
33	pay for full **board**	（ホテルなどで）３**食**分を支払う
34	the **nature** of the accident	その事故の**本質**
35	**project** sales growth	売り上げの伸びを**予測する**
36	**rinse** the clothes	衣服を**すすぐ**
37	a **copy** of the magazine	一**冊**の雑誌
38	safety **measures**	安全**対策**
39	the November **issue**	11月**号**
40	**assume** responsibility	責任を**引き受ける**

Answers - Test 2

1	2.6% **interest**	2.6%の**利子**
2	**immediate** superior	**直属の**上司（順序や関係が最も近いということ）
3	request your **company**	あなたの**同席**を求める
4	a **sound** investment decision	**健全な**投資判断
5	claim a medical **benefit**	医療**給付金**を請求する
6	economic **climate**	経済**状況**
7	an **outstanding** bill	**未払いの**請求書
8	the name of the **reference**	**身元保証人**の名前
9	**issue** an ID card	IDカードを**発行する**
10	the local **chapter**	地元の**支部**
11	sell local **produce**	地元の**農産物**を売る
12	leave **room** to be desired	改善の**余地**を残す
13	**compromise** security	セキュリティーを**弱める**
14	**way** too much	**あまりにも**多すぎる
15	**faculty** members	**教職員**のメンバー
16	a job **fair**	就職**説明会**
17	the **chair** of the committee	委員会の**議長**
18	help the **cause**	その**運動**を手伝う、**理念**
19	**stock** exchange	**株式**取引
20	sales **figures**	販売**数量**、売上高
21	a good **command** of English	英語のよい**運用能力**
22	**outlet** in the wall	壁の**コンセント**
23	develop **contacts**	**コネ**を作る、**つて**
24	**compensation** for extra work	追加の作業に対する**報酬**
25	**produce** your ID card	IDカードを**取り出して見せる**

26	a **drawing** for a trip to Paris	パリ旅行の**抽選**
27	**refuse** from the building site	建築現場からの**廃棄物**
28	pay a heavy **fine**	高額な**罰金**を払う
29	**furnish** details	詳細を**提供する**
30	**terms** of the contract	契約の**条件**
31	in a friendly **manner**	親しげな**態度**で、**様子**
32	a new **line** of cell phones	携帯電話の新**ラインアップ**
33	have the doctor **paged**	医師を**呼び出して**もらう
34	**administer** medicine	薬を**投与する**
35	the **make** of his car	彼の車の**型**、ブランドやメーカー名
36	**resort** to borrowing money	金を借りるという**手段に頼る**
37	a **novel** approach	**斬新な**方法
38	suitable for **lay** readers	**素人**の読者に最適な
39	reach a **bargain**	**合意**に達する
40	**develop** photos	写真を**現像する**

900点の条件 2

単語を聞いたときでも瞬時に意味を思い出せる

● 覚えた単語をリスニングで使えるか

単語の習得というと、穴埋め問題と長文読解の際に知らない単語が出てこないようにするため、という思い込みがある方もいるかもしれません。しかし、実際には、読んで分かるだけではなく、聞いて分かるようにしておかないと、リスニングで足を引っ張られることになります。

単語はいったん暗記してしまえば、「読む・書く・聞く・話す」で自動的に使えるようになるわけではありません。基本的には、単語は練習した方法以外では反応速度が低下すると考えてください。たとえば、目で見るだけで暗記した単語というのは、リーディングに出てきたときには瞬時に思い出せても、リスニングで出てきたときには、それと同程度のスピードでは思い出せないのです。それどころか、たとえ聞き取れても、自分の知っている単語であるという認識すらできないことさえあります。そして、聞こえた瞬間に思い出せなければ、瞬時に意味を理解しなければならないリスニングでは使いものにならないことになります。

これは難しい単語だけでなく、簡単な単語でも起こりえます。たとえば、中級レベルの学習者でも、[brɔ́ːt]「ブロート」という発音を聞いても瞬時に意味が出てこないという方をよく見かけます。しかし、その方たちも "brought" というスペルを見れば、瞬時に「ああ、bring の過去形・過去分詞形か」とすぐ認識できますし、brought の発音が「ブロート」であるとちゃんと知っていて、しかも正しく聞き取れているのです。つまり、発音を知っていると思っている単語を聞いても、瞬時に認識できないということもあるのです。

これが、たとえば、[stʌ́did]「スタディード」という発音はどうでしょう。brought と同じくらいのレベルでも、こちらは一瞬で study の過去・過去分詞

形 studied であると認識できるのではないでしょうか。そして、もし studied と brought でコンマ何秒でも差があるなら、やはり、自分の中で、すぐに反応できる単語とそうでない単語があり、すでに覚えたはずの単語のせいで文全体の意味が取れなくなる可能性があるといえます。

このようなことのないように、単語を聞いた瞬間に認識して意味を思い出せるようにしておくことが必要です。そして、そのためには、聞いて練習するしかないのです。

ただし、単語の発音が収録された CD を単に聞き流すのでは効果が薄く、効率的とはいえません。大切なのは、単に耳に音声を届けることではなくて、「聞いた瞬間に単語を認識して、意味を思い出そうとする」ことにあります。つまり、頭をフル回転させながら、瞬時に思い出そうとして聴き、聴覚と記憶を連動させる必要があるのです。単語の暗記は、頭に入れて終わりなのではなく、引き出そうとすることが重要です。単語を聞いて意味を思い出す、という練習を何度も繰り返してください。

ちなみに、単語の暗記は、五感をフルに活用したほうが効率よく覚えられるので、聞いて覚えようとすると、目で見るだけよりも早く覚えられるというメリットもあるため、一石二鳥です。

また、文字と音が連動していると読み間違いが少なくなります。もし、単語の読み間違いが多い場合は、単語を見ても音が浮かばないのではないか、そして、聴覚を使った単語練習が少なくはないか確認してください。

●発音を正確に覚えているか

単語を聞いて瞬時に認識するためには、まず発音を正確に覚えている必要があります。たとえば、comfortable の発音を「コンフォータブル」だと思い込んでいると、[kʌ́mftəbl] とたとえ正確に聞き取れたとしても、覚えている発音とは異なるため、comfortable のことだと気がつかない、または気がつくのに時間がかかることになります。

そこで、初級・中級単語についても発音を正確に覚えているかどうか、そして、聞いて瞬時に認識できるかを確認してみてください。

また、発音記号も読めるようにしておきましょう。発音記号は日本語で言えばふりがなのようなものです。そのふりがなが読めなければ単語を見ても、不正確な思いこみで覚えてしまいます。

発音記号がそれぞれどのような音を表すかは、発音の本などできちんと把握しておいてください。また、辞書によっては、発音の解説がついているものもありますので、これを利用することもできます。

そして、単語は何度も発音して覚えましょう。発音の練習というとスピーキングのためと思われがちですが、実際は、リスニングのためでもあるのです。

Check!

診断テスト3では、単語を聞いて瞬時に意味を答えられるかどうかを測ります。

診断テスト 3 ― 単語を聞いて意味を答える

診断テスト3では、単語を聞いて瞬時に意味を思い出せるかどうかを測ります。問題番号のあと、単語が読まれます。次の単語とのポーズが2.5秒ありますので、その間に意味を口に出してください。単語を聞いて意味が言えたか、または正確な日本語でなくても、どのような意味なのか正確にイメージが浮かんだものにチェックを付けてください。「聞いたことがある」だけで正解にしないように注意しましょう。また、過去形や過去分詞形も出題されています。その場合は原形の意味と形を答えればOKです。

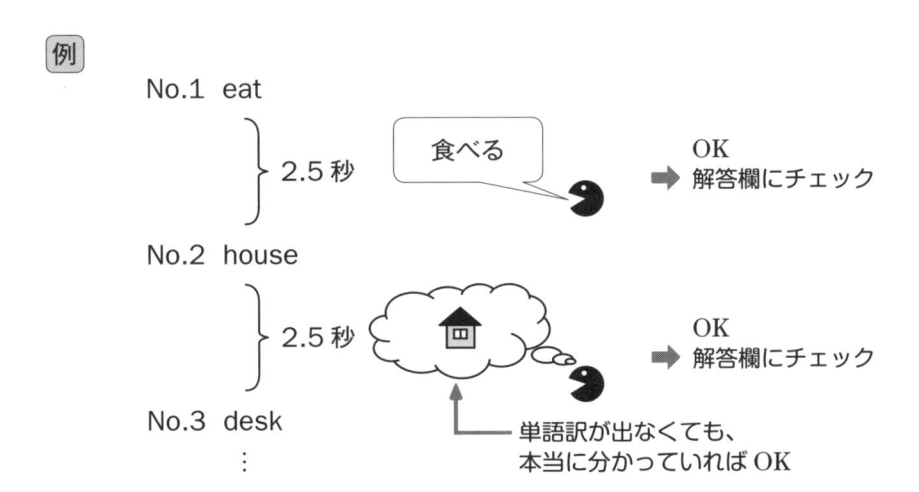

例

No.1 eat
　　　 }2.5秒　　食べる　　OK ➡ 解答欄にチェック

No.2 house
　　　 }2.5秒　　（家のイメージ）　　OK ➡ 解答欄にチェック
　　　　　　　　単語訳が出なくても、本当に分かっていればOK

No.3 desk
　　　 :

ただし、CDを聞くのは一度だけです。そして、CDを途中で止めないでください。次の問題に進んだ後で思い出したものも正解にしないでください。あくまでも、聞いた瞬間に思い出せるかどうかのテストです。

最後まで聞いたら、解答を見て確認します。目で見ると意味が分かるのに、聞いても分からなかった単語が多い場合、または、目で見たときと、意味を思い出す速度が違う場合は、要注意です。

まずは練習問題で段取りをつかんでください。

練習

CD Track 01

単語を聞いて、瞬時に意味を口に出せたものにチェック。

	OK		OK		OK		OK		OK
1	☐	5	☐	9	☐	13	☐	17	☐
2	☐	6	☐	10	☐	14	☐	18	☐
3	☐	7	☐	11	☐	15	☐	19	☐
4	☐	8	☐	12	☐	16	☐	20	☐

最後まで解けたら、CDをもう一度聞きながら下記の正解を見て自分の答えが正しかったかどうかを確認し、この欄に書き込んでください。

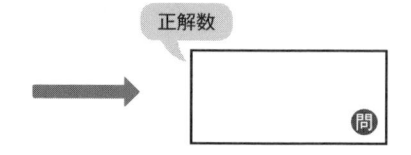

→ 正解数 _____ 問

解答　下記の単語訳以外でも、辞書に載っているものであれば正解にしてください。

1	necessary	必要な	11	failure	失敗
2	envelope	封筒	12	quantity	量
3	decision	決定	13	construction	建設、工事
4	temporary	一時的な	14	registration	登録
5	autograph	サイン	15	useless	役にたたない
6	recovery	回復	16	suitable	適している
7	complete	完全な、完成させる	17	celebrate	祝う
8	responsibility	責任	18	intensive	集中的な
9	popularity	人気	19	influence	影響
10	corridor	廊下	20	outcome	結果

それでは、Test 1 に進みましょう。

Test 1

CD Track 02

	OK		OK		OK		OK		OK
1	☐	9	☐	17	☐	25	☐	33	☐
2	☐	10	☐	18	☐	26	☐	34	☐
3	☐	11	☐	19	☐	27	☐	35	☐
4	☐	12	☐	20	☐	28	☐	36	☐
5	☐	13	☐	21	☐	29	☐	37	☐
6	☐	14	☐	22	☐	30	☐	38	☐
7	☐	15	☐	23	☐	31	☐	39	☐
8	☐	16	☐	24	☐	32	☐	40	☐

正解数 　　　問

Test 2

CD Track 03

	OK		OK		OK		OK		OK
1	☐	9	☐	17	☐	25	☐	33	☐
2	☐	10	☐	18	☐	26	☐	34	☐
3	☐	11	☐	19	☐	27	☐	35	☐
4	☐	12	☐	20	☐	28	☐	36	☐
5	☐	13	☐	21	☐	29	☐	37	☐
6	☐	14	☐	22	☐	30	☐	38	☐
7	☐	15	☐	23	☐	31	☐	39	☐
8	☐	16	☐	24	☐	32	☐	40	☐

正解数 　　　問

達成度の計算

1 CDをもう一度聞きながら、次ページからの解答例を見て正解を確認してください。そして、Test 1 と Test 2 の正答数を足して、合計正答数を算出します。

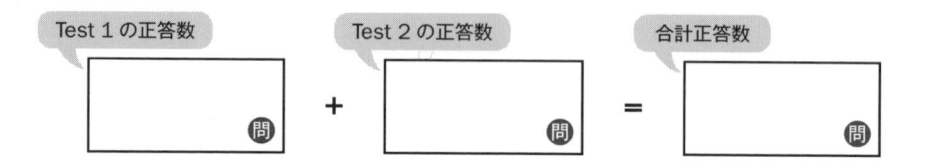

Test 1 の正答数 [　　　] 問 ＋ Test 2 の正答数 [　　　] 問 ＝ 合計正答数 [　　　] 問

2 下記の表から、診断テスト 3 の得点を求めてください。この得点が、そのまま条件 2 の達成度となります。p.318 のスコアシートに書き写しましょう。

太枠 900 点圏内

正答数	得点	正答数	得点
72 問以上	**10 点**	55 〜 57 問	**4 点**
70 〜 71 問	**9 点**	52 〜 54 問	**3 点**
67 〜 69 問	**8 点**	49 〜 51 問	**2 点**
64 〜 66 問	**7 点**	48 〜 50 問	**1 点**
61 〜 63 問	**6 点**	47 問以下	**0 点**
58 〜 60 問	**5 点**		

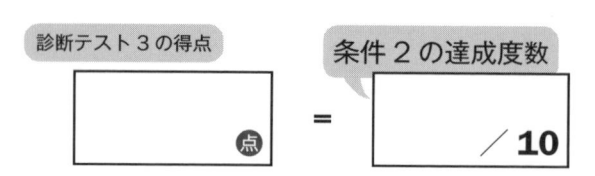

診断テスト 3 の得点 [　　　] 点 ＝ 条件 2 の達成度数 [　　　] / **10**

この結果を持って p.318 のスコアシートに Go ➡

Answers - Test 1

下記の単語訳以外でも、辞書に載っているものであれば正解にしてください。

1	drought	[dráut]	干ばつ
2	shrank	[ʃrǽnk]	shrink「縮む」の過去形
3	thoroughly	[θə́:rouli]	完全に、徹底的に
4	fault	[fɔ́:lt]	責任、せい
5	entrepreneur	[à:ntrəprəná:r]	起業家
6	ridden	[rídn]	ride「乗る」の過去分詞
7	spouse	[spáus]	配偶者
8	dawn	[dɔ́:n]	夜明け
9	award	[əwɔ́:rd]	賞
10	fold	[fóuld]	折りたたむ
11	cease	[sí:s]	やめる
12	textile	[tékstail]	織物、繊維
13	debt	[dét]	負債
14	cupboard	[kʌ́bərd]	戸棚
15	solve	[sálv]	解く、解決する
16	complaint	[kəmpléint]	不満、苦情
17	dosage	[dóusidʒ]	投薬量
18	drew	[drú:]	draw「引く、描く」の過去形
19	brochure	[brouʃúər]	パンフレット
20	quota	[kwóutə]	ノルマ、割当量
21	refurbish	[ri:fə́:biʃ]	改装する
22	fasten	[fǽsn]	しめる
23	chore	[tʃɔ́:r]	家事、仕事
24	primarily	[praimérəli]	最初に、第一に
25	necessitate	[nəsésətèit]	必要にさせる

CD Track **02**

26	managerial	[mænidʒíəriəl]	経営上の、管理者の
27	fixture	[fíkstʃər]	備品、設備、取り付け具
28	personnel	[pə̀:rsənél]	人員、人事の（personal との混同注意）
29	immense	[iméns]	非常に大きな
30	notify	[nóutəfài]	知らせる
31	annual	[ǽnjuəl]	年に一度の
32	cloth	[klɔ́:θ]	布
33	replace	[ripléis]	取り替える、置き換える
34	practical	[prǽktikəl]	実際的な
35	contract	[kántrækt]	契約
36	consistently	[kənsístəntli]	首尾一貫して
37	rarely	[réərli]	まれにしか〜ない
38	recipient	[risípiənt]	受賞者、受取人
39	eligible	[élidʒəbl]	資格のある
40	vary	[véəri]	変わる

Answers - Test 2

下記の単語訳以外でも、辞書に載っているものであれば正解にしてください。

1	bedding	[bédiŋ]	寝具類
2	inevitable	[inévətəbl]	避けられない
3	won't	[wóunt]	will not の省略形
4	dairy	[déəri]	乳製品
5	full	[fúl]	いっぱいの
6	stipulate	[stípjulèit]	明記する
7	law	[lɔ́:]	法律
8	expertise	[èkspərtí:z]	専門知識
9	crowd	[kráud]	群集、混雑
10	nonetheless	[nʌ́nðəlés]	それにもかかわらず
11	grateful	[gréitfəl]	感謝している
12	excerpt	[éksə:rpt]	抜粋
13	fall	[fɔ́:l]	落ちる
14	rarity	[réərəti]	珍しさ
15	firm	[fə́:rm]	会社、かたい
16	parcel	[pɑ́:rsəl]	小包
17	specific	[spisífik]	特定の
18	furnish	[fə́:rniʃ]	家具を備え付ける、供給する
19	alternative	[ɔ:ltə́:rnətiv]	代わりとなる
20	lit	[lít]	light「火をつける、点灯する」の過去・過去分詞形
21	irrelevant	[irélэvənt]	関連のない
22	industrious	[indʌ́striəs]	勤勉な
23	label	[léibəl]	ラベル
24	inauguration	[inɔ̀:gjuréiʃən]	就任式、開所式
25	launch	[lɔ́:ntʃ]	始める

CD Track **03**

26	plumber	[plʌ́mər]	配管工、水道工事人
27	seize	[síːz]	つかむ
28	tuition	[tjuːíʃən]	授業、授業料
29	width	[wídθ]	幅
30	mediocre	[mìːdióukər]	平凡な
31	feasible	[fíːzəbl]	実現可能な
32	equivalent	[ikwívələnt]	相当する
33	flawless	[flɔ́ːlis]	欠点のない、完璧な
34	divert	[divə́ːrt／dai-]	迂回させる
35	mortgage	[mɔ́ːrgidʒ]	住宅ローン
36	unprecedented	[ʌ̀nprésədèntid]	前例のない
37	barely	[béərli]	かろうじて
38	beverage	[bévəridʒ]	飲み物
39	prevalent	[prévələnt]	広く行き渡っている
40	itinerary	[aitínərèri]	旅程表

900点の条件 3

初級・中級レベルのものは使い方まで覚えている

●使い方まで覚えようとしているか

ボキャブラリーに関するTOEICの問題には大きく分けて2つの種類があります。ひとつは、意味さえ分かっていれば解けるもの。もう1つは意味だけでなく使い方まで問われるものです。次の例を見てください。

> **例題**
>
> **Q1.** Mr. White _____ for one of his staff to meet a client at the airport.
>   (A) arranged   (B) integrated
>   (C) simplified   (D) accumulated
>
> **Q2.** Mr. White _____ for one of his staff to meet a client at the airport.
>   (A) arranged   (B) demanded
>   (C) announced   (D) requested

Q1とQ2は同一の設問文ですが、選択肢が異なり、問われている項目も異なります。Q1は単純に単語の意味を知っているかどうかを問われています。(A)「手配する」、(B)「統合する」、(C)「単純化する」、(D)「蓄積する」という意味から考えて、答えは(A)と分かります。

ところが、Q2は(A)「手配する」、(B)「要求する」、(C)「発表する、知らせる」、(D)「求める」ですから、意味だけ考えれば、いずれの選択肢でも、「Mr. White

47

は、スタッフの1人が顧客を空港で出迎えるように＿＿＿＿した」という文に当てはまりそうです。つまり、Q2 は単語の意味を問われているのではありません。Q2 は、後ろに for を取り、動詞 for ＋目的語＋ to do の構文を取るものを問われているのです。よって、答えは (A) です。Q1 と Q2 ともに、同じ設問文、同じ正答ですけれども、問われている項目が違うということですね。この Q2 のように、語彙に関わる問題であっても、選択肢の単語の意味を知っているだけでは答えられない場合もあるのです。

単語集を使って単語を覚えようとするとき、単語の意味を暗記するということに意識が向いてしまって、意味さえ覚えてしまえば習得できた、と考えてはいませんか。しかし、使い方を問うような問題に正答するためには、やはり使い方まで分かっていなければならないのです。

また、使い方を覚えているというのは、読むときや聞くときにも重要です。たとえば、次の英文の意味を考えてください。

> The worker immediately informed the factory manager of the accident.

意味を瞬時に理解できたでしょうか。ここでは、of に注目です。inform A of B で「A に B のことを知らせる」の意味ですが、inform が出てきたときに、この形で使われると予想しておけば、上記の例文の of も処理しやすくなり、その分だけ正確に早く読めることになります。逆に、inform は of をとると分かっていない、または連動して予想できていなければ、of the accident が factory manager を説明していると誤解し、「事故の工場長？」などと考えたりして、誤解したり理解するのが遅くなる恐れがあります。

これは、リスニングでも同じです。inform が聞こえた瞬間に、of が来るかもしれないという認識があれば、理解しやすくなります。

このように、単語と使い方が連動していれば、文法、リスニング、リーディングのいずれにおいても処理が正確に速く行なえますから、普段からこのことに気を

つけて練習してください。単語を見聞きした瞬間に、一緒に使い方まで思い出せるというのがベストです。

> 訳 「その従業員は工場長に直ちにその事故について知らせた」

●文法書に載っている単語は完璧か

さて、単語の暗記というと単語集に掲載されている単語を連想しますが、文法書に掲載されている単語も重要です。be+-ing 形が進行形であるというのは、eat や read など、いろいろな動詞に適用できる汎用の文法と言えます。しかし、たとえば、suggest は目的語に to 不定詞ではなく -ing 形をとるというのは、動名詞という文法の項目であると同時に、suggest の単語としての使い方を心得ているかどうかとも言えます。つまり、文法書に掲載されている単語は、単語の使い方としても覚えておかなければならないということです。

文法書を見直していただくとお分かりいただけると思いますが、文法書にはこのような特定の単語の使い方も多数収録されています。問題は、このような単語を見ただけで使い方まで思い出せるかどうかです。

次の例題を解いてみてください。

例題

> **Q3.** The staff of the sales department were confident in their new product, and they had not anticipated _____ to deal with so many complaints.
> (A) to have　(B) having　(C) have　(D) had

たとえば、動名詞を学ぶとき、to do ではなく doing しか目的語に取らない動詞があるということを学びます。たいていの場合は、その説明があって、例文を読みます。

49

Mr. Smith considered resign**ing** from his post.
「Mr. Smith は職を辞することを考えた」

そして、その後にこのような使い方をする動詞のリストが書かれています。

doing を目的語に取る動詞

> enjoy, finish, admit, consider, practice, deny, anticipate, mind

問題は、この一覧を見たときに「なるほど」と思って覚えたとしても、あとからその単語 1 つだけを見たときに、その用法が瞬時に浮かぶかどうか分からないということですね。たとえば、何日か経って、anticipate を見ただけで、この項目が適用されると気がつくかどうかです。

文法→単語という流れで覚えるだけでは、使えるとは限らない

文法
動名詞は「～すること」の意味で、to 不定詞ではなく、動名詞を目的語にとる動詞がある

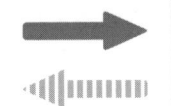

リスト
enjoy, admit
finish, consider ……
anticipate

それぞれの単語を、別のところで見たときにも連動して文法項目を思い出せなければならない

図のように文法→単語という方向でのみ覚えていると、単語→文法、つまり単語を見たときに文法を思い出すという方向では対応できなかったり、時間がかかったりするのです。

したがって、文法書に掲載されている単語については、その単語だけを全く別のところで見た瞬間に、どの文法項目で出てきたのか、どのような使い方だと説明されていたのかを思い出せるようにしておいてください。

また、リストにある単語で習得度に差がないかも確認しておきましょう。もし、enjoy を見た瞬間に -ing 形を取るという使い方が頭に浮かぶのに、anticipate

を見たときにそのことが浮かばないなら、やはり習得度に差があることになります。ムラなく覚えておかなければ、習得度の低いものが出題されたとき、誤答してしまいます。必ず、どの単語も同じ速度で反応できるようにしておいてください。

> 訳 「営業部のスタッフたちは新製品に自信があって、そのように大量の苦情を処理しなければならないということは予想していなかった。」
> 解答 (B)

Check!

診断テスト4では、単語の使い方を問う問題を出題します。

診断テスト 4 ── 単語を正確に使えるかを測る

診断テスト 4 では、初級・中級レベルの単語をどれくらい正確に使えるかを測ります。

Part 5（短文穴埋め）形式の問題が全部で 20 問× 2 セットあります。本試験と同じように 1 問 25 秒、20 問あたり 8 分 20 秒で解いてください。

時間が足りなくなっても、設問を読まずに解答したり、時間を延長したりせず、そこでやめてください。あくまでも素早く正確に解くことができるかどうかがポイントです。

この問題には練習はありません。目標は全 40 問中、36 問正解です。

Test 1

制限時間 8 分 20 秒

1. The local residents formed a group to _____ the construction of a dam nearby.
   (A) object (B) oppose (C) disagree (D) stand up

2. A recently discovered work of art was attributed _____ an unknown student of Rembrandt.
   (A) to (B) for (C) on (D) from

3. The young personal assistant is hardworking and _____ to detail.
   (A) careful (B) mindful (C) attentive (D) conscious

4. Merlin Heavy Industries has agreed with the unions to _____ salaries in line with inflation.
   (A) raise (B) rise (C) ascend (D) go up

5. The Post Office announced that customers should _____ an extra couple of days for delivery during the holiday season.
   (A) forgive (B) admit (C) allow (D) let

6. Mr. Johnson has not told anyone his new sales idea, but he is _____ that few people would accept it.
   (A) acknowledged (B) understood (C) convinced (D) recognized

7. Mr. Tanaka went to the hospital complaining _____ a pain in his abdomen.
   (A) for (B) of (C) from (D) at

8. Mr. Smith _____ the offer of a promotion because he would have been transferred to an overseas branch.
   (A) refused (B) denied (C) refrained (D) turned

9. The board of directors agreed that the involvement _____ an outside consultant was necessary.
(A) from (B) with (C) of (D) in

10. Dr. Hughes will _____ for Dr. Howells this weekend because Dr. Howells is sick.
(A) take place (B) substitute (C) replace (D) change

11. It was many years before chief engineer, Mr. Thomas, was finally _____ for the design by his company.
(A) acknowledged   (B) admitted
(C) permitted   (D) allowed

12. The gardener went to great lengths to deter rabbits _____ eating his vegetables.
(A) of (B) with (C) in (D) from

13. Green Line Ltd.'s new line of products has been designed to _____ to today's youth.
(A) emphasize (B) attract (C) appeal (D) impress

14. The work was completed because the staff spent a _____ amount of overtime on it.
(A) inconsiderate   (B) considerable
(C) considerate   (D) considering

15. Mr. Grindle _____ the transfer because he was promised a higher salary.
(A) was given   (B) agreed
(C) acknowledged   (D) accepted

16. Mr. Jones is not _____ for the next project because he is overseas on business.
 (A) convenient (B) possible (C) easy (D) available

17. Cuisinette Ltd. specializes in making and installing custom-made _____ for kitchens.
 (A) cabinet (B) chest (C) furniture (D) locker

18. Stage On Inc. provides period costumes _____ television and movie productions.
 (A) with (B) for (C) on (D) about

19. Some additional warm _____ is recommended in case the weather suddenly turns cold.
 (A) clothes (B) cloth (C) clothing (D) cloths

20. The new sales representative's years of experience gave him a distinct _____ over the others.
 (A) benefit (B) advantage (C) profit (D) gain

Test 2

制限時間 8 分 20 秒

21. The atmosphere in the research department was really good because everyone was _____ of each other, regardless of age.
   (A) respectable (B) respectful (C) respective (D) respected

22. The engineers worked all night to install all the _____ in time for testing the next day.
   (A) machinery   (B) machine   (C) facility   (D) device

23. According to the company's restructuring plan, only one of the five senior executive officers will escape _____ .
   (A) to dismiss   (B) to be dismissed
   (C) being dismissed   (D) dismissing

24. While on the tour of the lab, the guide asked everyone to refrain _____ their mobile phones.
   (A) to use (B) using (C) from using (D) about using

25. Dave Smith in the Marketing Department _____ his part in the successful campaign.
   (A) rewarded   (B) was rewarded for
   (C) had been rewarded   (D) was rewarded about

26. Ms. Knight _____ for assistance with a special sales presentation.
   (A) desired (B) demanded (C) asked (D) requested

27. The fence was designed to prevent elephants _____ the villagers' crops.
   (A) damage   (B) to damage
   (C) from damaging   (D) for damaging

28. The manager insisted _____ all his staff in the decision making process.
   (A) that involving   (B) to involve
   (C) in involving   (D) on involving

29. The personnel manager _____ that all the transfer applications be handed in before the weekend.
   (A) demanded   (B) hoped   (C) imagined   (D) thought

30. A representative of our dispatch department met the customer to apologize _____ the late delivery of their machinery.
   (A) to   (B) at   (C) for   (D) with

31. Our latest two-ton truck _____ to the previous model but is, in fact, very different.
   (A) looks similar   (B) resembles   (C) takes after   (D) is like

32. My secretary will _____ you to arrange a visit to the plant.
   (A) speak   (B) discuss   (C) communicate   (D) contact

33. Mr. Hon called his client to ask if he _____ of the new advertising concept.
   (A) respected   (B) agreed   (C) approved   (D) praised

34. Mr. Gregson is a very experienced foreman, and always gives good _____ to the younger workers.
   (A) advice   (B) suggestion   (C) idea   (D) opinion

35. Please _____ with the procurement department before ordering anything.
   (A) ask   (B) check   (C) inquire   (D) request

36. Mr. Lee objected _____ on the sales team because his area of specialty was medical research.
(A) to being put   (B) to put   (C) to be put   (D) being put

37. The chief engineer _____ to the finance director that money could be saved by delaying the introduction of some new equipment.
(A) suggested   (B) advised   (C) warned   (D) demanded

38. The manager wanted to discourage the workers _____ the machine guards open.
(A) from leaving   (B) to leave   (C) in leaving   (D) to leaving

39. Mr. Hill's research team _____ of only 5 members including him, but they are all highly experienced specialists in their fields.
(A) makes up   (B) comprises   (C) composes   (D) consists

40. All the employees at Axis Markets are required to _____ the annual general meeting at head office in October.
(A) show up   (B) be present   (C) attend   (D) appear

達成度の計算

1 次ページからの解答を見て採点してください。そして、Test 1 と Test 2 の正答数を足して、合計正答数を算出します。

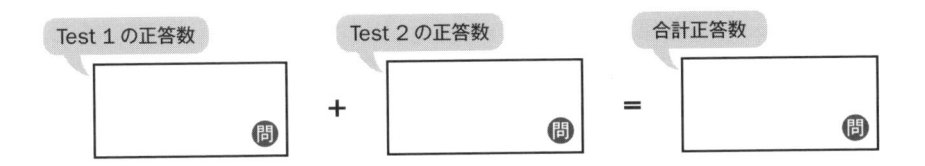

Test 1 の正答数 [　　問] ＋ Test 2 の正答数 [　　問] ＝ 合計正答数 [　　問]

2 下記の表から、診断テストの得点を求めてください。この得点が、そのまま条件3の達成度となります。p.318のスコアシートに書き写しましょう。

太枠 900 点圏内

正答数	得点	正答数	得点
36 問以上	**10 点**	30 問	**4 点**
35 問	**9 点**	29 問	**3 点**
34 問	**8 点**	28 問	**2 点**
33 問	**7 点**	27 問	**1 点**
32 問	**6 点**	26 問	**1 点**
31 問	**5 点**	25 個以下	**0 点**

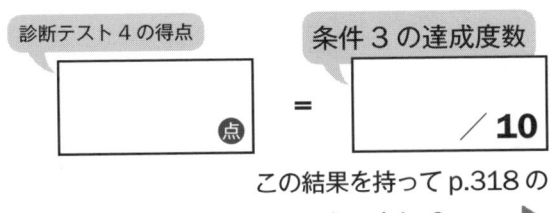

診断テスト4の得点 [　　点] ＝ 条件3の達成度数 [　　／ 10]

この結果を持って p.318 の
スコアシートに Go ➡

Answers - Test 1

1. 正解 **(B)**
「地元住民たちは近くのダム建設に反対するためにグループを結成した。」
空所の後に目的語が来ていることに注意。(A)object「反対する」は to が必要だから入らない。(C) は with が必要。(D) は「(人や組織などに) 立ち向かう」という意味で、to が必要なので不可。よって、(B) が正解。oppose A で「A に反対する」。ただし、be opposed to A という表現もあるので注意が必要。

2. 正解 **(A)**
「最近発見された芸術作品はレンブラントの無名の教え子のものによるとされた。」
attribute A to B で、「A の原因を B と考える、A の作品を B によるものと考える」という意味で、設問はこれが受動態となっている。

3. 正解 **(C)**
「その若い個人秘書はよく働き、細かいことによく気がつく。」
空所の後ろに to があることに注意。attentive to A で「A によく注意している」の意味。(A)careful なら to ではなく with が必要。(B) は mindful of、(D) は conscious of である。

4. 正解 **(A)**
「**Merlin Heavy Industries** はインフレに沿って賃金を引き上げることを労働組合と合意した。」
(A) raise は「上げる」で、目的語をとってそれを上げることを指す。(B)(C)(D) は「上がる」であり、主語が上昇することを指す。ここでは、目的語の salaries が上昇しないといけないので (A) が正解。raise と rise は、区別が曖昧な人が多いので注意したい。

5. 正解 **(C)**
「郵便公社は休暇シーズン中、利用客は配達に 2 日余分に余裕を見てほしいと発表した。」
allow 〜 for A 「A のために〜分の余裕を見ておく、見込んでおく」の意味。

60

6. 正解 (C)

「Mr. Johnson はまだ誰にも自分の新しい販売アイデアを伝えていないが、もしそうしても受け入れる人はほとんどいないだろうと確信している。」

空所の前に is が入っていることに注意。つまり、be + -ed の形で主語に人を取り、後ろに that 節が続くものが必要。よって、(C) が正解。be convinced that S+V「S が V すると確信する」。ただし、この convinced は形容詞扱い。

7. 正解 (B)

「Mr. Tanaka は病院に行き、腹部の痛みを訴えた。」

complain は「苦情を言う」の意味のときには about を使い、「(病状などを)訴える」の意味の時には of を取ることが多い。よって、(B) が正解。

8. 正解 (A)

「Mr. Smith は海外支店に転勤することになるので、昇進の話を断った。」

(B) deny は「否定する」なので意味的に合わない。(C) refrain は「控える、がまんする」という意味で、from が必要。(D) は turn down「却下する」という熟語にすれば入るがこのままでは不可。よって (A) が正解。refuse は「断る」の意味。

9. 正解 (C)

「取締役会は、外部相談役の関与が必要だということで合意に達した。」

involvement of ~で「~の関与」。

10. 正解 (B)

「Dr. Howells が病気のため、今週末は Dr. Hughes が代わりを務めるだろう。」

空所の後の for に注意。substitute for A で「A の代わりを務める」。take place は「起こる」の意味であり、take the place of A または take A's place「A の代わりを務める」と混同しないように注意。

11. 正解 (A)

「チーフエンジニアの Mr. Thomas は、その設計が彼の功績であると会社に認められるまで何年もかかった。」
日本語訳だとどの選択肢も「認める」という訳が付くが、acknowledge には「認知する、そうであると認識する、功績を認める」という意味がある。

12. 正解 (D)

「庭師はウサギが野菜を食べないようにするために多大な努力を払った。」
deter A from doing B で「A が B することを防ぐ」の意味。

13. 正解 (C)

「Green Line Ltd. の新しい製品ラインアップは今日の若者の興味を引くようにデザインされている。」
空所の後ろに to があることに注意。appeal to で「～に訴えかける、～の興味を引く」の意味。

14. 正解 (B)

「スタッフが多くの残業をしたのでその仕事は完了した。」
(B) considerable は「かなりの」、(C) considerate は「思いやりのある」の意味なので要注意。ここでは、「かなりの量の残業」となるはずだから、(B) が正解。

15. 正解 (D)

「Mr. Grindle はこれまでよりも高い給料を約束されたためその転勤を受け入れた。」
(A) は because 以下と意味が合わない。(B) は前置詞が必要。(C) は「認識する、そうであると認める」という意味なので不自然。よって、(D) が正解。accept は「受け入れる」の意味がある。

16. 正解 (D)
「**Mr. Jones** は出張で海外にいるので次のプロジェクトには参加できない。」
日本語の訳だけ考えるとどの選択肢も入りそうだが、主語が Mr. Jones であることに注意。(A)(C) を入れると、Mr. Jones 自体が便利な人、簡単な人となり不自然な意味となる。(B) もまた「〜することが可能である」という意味では、人を主語に取らない。これらは、it is 〜 for 人 to do の構文で使う。よって、(D) が正解。

17. 正解 (C)
「**Cuisinette Ltd.** はカスタムメイドの台所家具を製作し設置することに特化している。」
設問を読むと、空所に入る語には冠詞などがついていないことが分かる。よって、ここには不可算名詞か可算名詞の複数形が入ることになるから、(C) が正解。その他の選択肢は可算名詞なので複数形にする必要がある。furniture は不可算名詞。

18. 正解 (B)
「**Stage On Inc.** はテレビや映画制作のために時代に合った服装を提供している。」
provide は provide A with B「A に B を提供する」という形で覚えている学習者が多いが、provide B for A「A のために B を提供する」という形でも使える。設問では provide の目的語が period costumes なので、for が必要。

19. 正解 (C)
「天候が突然寒くなったときのために、追加の温かい服装が勧められる。」
some が使われているということと、空所の後ろにある be 動詞が is であることに注意。したがって、複数形の (A) (D) は不可。また、(B)cloth は「布地、布切れ」という意味なので合わない。よって、(C) が正解。clothing「衣類、衣服」は通例不可算。

20. 正解 (B)
「何年にもわたる経験のおかげで、新しい営業担当者は他の者たちよりもかなり有利である。」
空所の後にある over に注意。advantage over 〜で「〜よりも有利な立場」の意味。もともと、over は「〜よりも優れて、優先して」という優越や優先を表す意味を持つ。

Answers - Test 2

21. 正解 (B)

「年齢に関係なく全員がお互いに敬意を払っていたので、研究部の雰囲気は本当によかった。」

いずれも respect の形容詞だが意味が異なるので注意。(A) respectable「立派な、尊敬に値する」、(B) respectful「丁寧な、敬意を払うような」、(C) respective「それぞれの」、(D) respected「評判のよい、立派な」。また、空所の後に of each other が来ていることに注意。respectful of/to/toward A で「A に対して敬意を払っている」の意味。

22. 正解 (A)

「翌日の試運転に間に合わせるために全ての機械を取り付けようと、エンジニアたちは夜通し作業した。」

空所の語には all がついていることから、不可算名詞か可算名詞の複数形が必要。よって、(A) が正解。machine は可算名詞だが、machinery「機械類」は不可算名詞。

23. 正解 (C)

「会社の再建計画によると、5人の上級役員のうち1人しか解雇を免れないことになるだろう。」

escape は from をとるだけでなく、直接目的語をとり、「~を免れる」という使い方もある。このときは動詞を目的語にとるなら通例動名詞 (-ing 形) を使う。また、意味的に「解雇される」という受動態が必要なので、答えは (C)。

24. 正解 (C)

「研究所を見学中、携帯電話の使用を控えるように案内係が全員に頼んだ。」

refrain from doing で「~することを控える」。

25. 正解 (B)

「マーケティング部の **Dave Smith** はキャンペーンの成功における彼の役割で、報奨を受けた。」

reward A for B で、「B のことで A に褒賞を与える」の意味。ここでは、それを受動態にしている。よって、(B) が正解。

26. 正解 (C)

「**Ms. Knight** は特別なセールスプレゼンテーションのために助けを求めた。」

空所の後に for assistance が来ている。ask for A で「A を求める」の意味。意味的に複数の選択肢が当てはまりそうに見えたら、文法や構文を考えること。

27. 正解 (C)

「そのフェンスは、ゾウが村人の穀物に損害を与えることを防ぐようデザインされている。」

prevent A from doing B で「A が B するのを防ぐ」の意味。

28. 正解 (D)

「部長は意思決定プロセスにスタッフ全員を参加させるよう主張した。」

insist は that 節をとるか、または insist on「～を主張する、言い張る」という使い方をする。ここでは、前置詞 on の後に動詞 involve を入れるので -ing 形の (D) が正解。

29. 正解 (A)

「人事部長は、転勤願いは週末までに提出するよう求めた。」

that 節の be 動詞が原形であることに注意。一般に、義務や当然、命令を表す動詞または形容詞の that 節には動詞の原形か should+ 動詞を使う。選択肢の中では (A) demanded がこれに当たる。

30. 正解 (C)

「我々の発送部の担当者が顧客に会い、機械の配達が遅れたことを謝罪した。」

apologize for A で「A について謝罪する」の意味。

31. 正解 (A)

「当社の最新の 2 トントラックは前モデルとよく似ているように見えますが、実際はとても異なります。」

空欄の後に to があるので、(A) が正解。(B)(C)(D) は to が不要。

32. 正解 (D)

「私の秘書が工場の訪問を手配するためにあなたにご連絡いたします。」

空所の後に you があるので、with が必要な (A) と (C) は不可。(B)discuss は直接目的語をとるがそれは話し合う内容を指すので、you は不適当。よって、(D) が正解。contact は動詞の時には連絡する相手を直接目的語にとることができる。

33. 正解 (C)

「Mr. Hon は、新しい広告のコンセプトがよいと思っているかどうか尋ねるためにクライアントに電話した。」

空所の後に of があることに注意。approve of A で「A を好意的に見る、是認する」の意味。

34. 正解 (A)

「Mr. Gregson はとても経験を積んだ現場監督であり、若手の労働者にいつもよいアドバイスを与えている。」

空所に入る語には冠詞などがついていないので、可算名詞の単数形である (B)(C)(D) は入らない。よって、(A) が正解。advice は通例不可算。

35. 正解 (B)

「どんなものでも注文する前に、資材部に確認してください。」

空所の後に with がある。「check with ＋人」で「〜に確認する、相談する」の意味。

36. 正解 (A)

「Mr. Lee は、自分の専門が医学研究だったので、営業チームに入れられることに反対した。」

Q1 で見たとおり、object は to をとる。これは to 不定詞ではなく前置詞の to なので、動詞を目的語にとる場合には -ing 形にしなければならない。よって、(A) が正解。

37. 正解 (A)

「チーフエンジニアは、新しい設備の導入をいくつか遅らせることによって、資金を節約することができると提案した」

空欄の後ろに to があることに注意。suggest は to 人 +that 節をとることができる。

38. 正解 (A)

「部長は、労働者たちが機械の安全柵を開いたままにすることをやめさせたがっていた。」

discourage A from doing B で「A に B するのをやめさせる」。

39. 正解 (D)

「Mr. Hill の研究チームは、彼を含めて 5 人のメンバーだけで構成されているが、彼らは全員自分たちの分野ではとても経験を積んだ専門家である。」

この問題で注意しなければならないのは、team が主語であること。つまり、構成要素が主語ではなく、構成要素によって作られたものが主語である。また、空所の後が of になっている。よって、consist of が正解。(A) は is made up of なら正解になりうる。(B) は of が不要。(C) は be composed of なら正解になりうる。

40. 正解 (C)

「Axis Markets の全社員は、10 月に本社である年次総会に出席することが求められています。」

空所の後に前置詞が入っていないので、(C) が正解。

条件を満たすための学習法

ここで、900点を突破するためのボキャブラリーの学習法と方針をまとめておきましょう。

➡ **中級単語集を数冊完璧にしてから上級向けに進む**
中級単語集を数冊見ても、覚えていない単語が1つもないという状態にしてから上級用単語集に進みましょう。1冊終わっただけで「中級レベルは完璧」などと思わないように。

➡ **敏捷性**
タイマーで計測するなどして、どれくらい早く反応できるかにこだわってください。瞬時に意味を思い出せないものは不合格扱いにしましょう。

➡ **聞いても理解できるようにする**
単に聞くだけではなく、聞いて意味を思い出すという練習を繰り返してください。発音記号も読み、スペルから勝手に判断しないように。必要があれば、英検3級～準2級レベルぐらいの単語集から聞きましょう。

➡ **1つの単語につき複数の意味を覚えるようにする**
初級・中級レベルの単語集をもう一度読み返して、覚えていない意味を持つ単語がないか確認しましょう。1つの意味を知っているだけで、「この単語は大丈夫」などと錯覚しないように注意が必要です。

➡ **使い方まで覚える**
初級・中級レベルの単語は、自分で使えるかどうか、英文を作ることができるかどうかを基準に、習得できたかどうかを決めてください。動詞なら取りうる文型や構文、形容詞ならともに使われる前置詞など、使い方を問われる問題でも即答できるように。

単語集を使った学習法

単語集を使って暗記するとき、具体的な方法として次のような段取りを参考にしてください。

① 単語だけを見て意味を思い出す練習をする前に、例文をじっくり読み、使い方やニュアンスまで把握してください。そして、例文さえ読めば例文全体の意味から、単語訳が芋づる式に出てくるようにします。

② 単語を覚えるときは、目で見るだけでなく、自分で発音し、自分の発音した声を聞き、CDがあればそれもよく聞きましょう。また、何回かずつは実際に書いてみてください。自分の五感をフルに活用した方が覚える速度は速く、そして、忘れにくくなります。また、単語はリスニングでも必要です。発音の曖昧な単語はリスニングには使えないことになります。

③ 品詞には気をつけてください。品詞を覚えていないものは使い物になりません。

④ 例文さえ読めば簡単に単語の意味を思い出せるようになったら、単語だけを見て、単語訳を思い出す練習をします。このとき、もし思い出せなくても、すぐに答えを見たりせず、例文を読むか、または、単語訳の1文字目までをちらっと見るなどし、自分の力で思い出すように心がけてください。思い出せないからといって、答えを見たのでは、「ああ、そうだった」と思うだけで練習にはなっていません。単語の練習は、覚えようとすれば効果があるのではなく、自分で実際に思い出すことによって効果が生まれるのです。

⑤ すべて暗記できたと思ったら、今度は日本語訳を見て、単語が出せるように練習しましょう。これは、「書く・話す」でも使えるようにするためだけではなく、英→日の片方向で覚えるよりも、英→日、日→英の両方向で

覚えた方が、忘れにくいためです。

⑥ 同時に使い方も覚えましょう。これは、知識として丸暗記するよりも、フレーズを使って覚えてください。

⑦ 単語訳をスムーズに思い出せるようになったら、タイマーで秒を測り、単語を読み上げて日本語訳を言う、というのを1単語当たり2秒で行なえるようにしてください。たとえば、100単語暗記する場合は、200秒以内に全ての単語を読みあげ単語訳を口に出せる必要があります。単語も日本語訳も必ず口に出してください。

⑧ 全部覚えたと思ったところで、実際にタイマーを使って時間を計測します。もし制限時間内に言い終えることができれば、合格です。もし間に合わなければ不合格として、合格するまでやり直しです。

コラム

本当に覚えが悪くなったのか

学生の頃より単語を覚えるのが遅くなったという話はよく聞きます。心当たりのある方も多いのではないでしょうか。たしかに、年を取るにつれて暗記力に若干の影響があるというのは否定できません。しかしそれ以上に、暗記の方法に問題がないかを確認してください。

中学・高校時代を思い出してみましょう。中間・期末試験の前に単語の練習をするとき、何度も何度も書いたり発音したりしませんでしたか？そして、英単語を見て単語訳を思い出すという練習だけでなく、単語を書かされる問題が出ても大丈夫なように、単語訳を見て英単語を出す練習もしたのではないでしょうか。つまり、本書で紹介しているようなやり方に近い方法ですね。

それに比べて、今はどうでしょう。単語集をじっと見つめるだけで終わっていないでしょうか。特に、単語の暗記は通勤途中の電車の中で行なうという方が多いようです。そうすると、車内で何度も発音したり書いたりできないので、目で読むだけということになってはいませんか。

単語の暗記は、どれだけ脳に刺激を送るかが重要です。そして、目からだけの刺激では絶対量が少ないために、目で読むだけでは、たとえ集中していても、効率が悪くなるのです。そして、覚えにくい方法で覚えようとして覚えられないからといって、記憶力のせいにするのはおかしいですね。

もし、単語を暗記するのが遅くなったという自覚があるなら、ぜひこの数週間の単語の練習方法を振り返ってください。そして、学生の頃の勉強方法と比べて、記憶力が低下したのではなく、練習方法が変わったのではないか確認してみましょう。

Listening

Chapter 2 ●リスニング編

900点問診票

Chapter 2 ● リスニング編

次のそれぞれの項目について、0（まったく当てはまらない）〜4（とても当てはまる）の5段階で点数をつけてください。結果はp.316で集計します。

Q1	イギリス、アメリカ、カナダ、オーストラリア英語の中で、苦手なものがある。実際のTOEICでは、1人か2人、他よりも聞き取りにくいナレーターが出てくる。	/4
Q2	実際の試験や、TOEICレベルの教材でも、単語自体が聞き取れない箇所がけっこうある。	/4
Q3	たとえ単語自体は聞き取れても、英文の意味を一度で理解できないことも多く、単語が聞き取れた割には理解できていないということがある。	/4
Q4	単語を聞き取ることに必死で、文法や構文に気をつける余裕がなく、細かいところであやふやになる。	/4
Q5	長文を聞いてわりと理解できたつもりになっても、あとから思い出せないことや、分かったと思って答えた問題を間違えることがある。	/4
Q6	英文を聞いているときに、1カ所でも聞き取れない箇所があると、後がガタガタになる。	/4
Q7	普段の練習は、教材として作られたものだけを聞き、映画やラジオなど、いわば生の英語を聞いて練習していない。	/4

Q8	練習でノンネイティブの英語を聞くのは抵抗があり、避けている。	/4
Q9	練習では、CDなどの音量や音質にかなり気をつかっており、ラジオや電話のような低音質のものを聞くのは抵抗がある。	/4
Q10	リスニングの練習では、ヘッドフォンやイヤホンを常用している。または、物音一つしない場所でしか行なっていない。	/4
Q11	リスニングは主に「ながら」練習、または聞き流していることが多く、TOEIC本番と同じくらい全力で聞くことはあまりない。	/4
Q12	Part 1（写真描写問題）とPart 2（応答問題）では、すべての選択肢を聞くまでは答えを確定できない。または、消去法で選ぶことが多い。	/4
Q13	Part 3（会話問題）とPart 4（長文問題）では、選択肢まで読まなければ、設問を読むだけで答えが思い浮かばない。	/4
Q14	Part 3とPart 4において、たとえ設問を先読みしていても、答えが分かるはずの箇所を聞いたときに、そこが答えだと分からない。または、長文や会話を最後まで聞き終わるまでに3問とも答えることができない。	/4
Q15	疑問文を読むのが苦手。また、設問や選択肢を読むのが遅いために、先読みできない。	/4

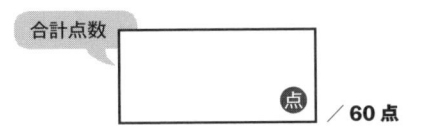

合計点数 　　　点 /60点

900点の条件 4

不得意なアクセントがなく、リスニング問題で単語自体が聞き取れないことが（ほぼ）ない

● 苦手なアクセントがないか

TOEICでは、アメリカ、カナダ、イギリス、オーストラリア（ニュージーランドを含む）という4つの大きなアクセントが25%ずつ出題されることになっています。しかも、アメリカ英語とカナダ英語、そして、イギリス英語とオーストラリア英語は発音が比較的似ているので、たとえば、イギリス英語が苦手だと、オーストラリア英語も苦手であるなど、1つ苦手なものがあるだけで、事実上もう1つのアクセントも苦手であることが多いのです。

このため、700点を目指すならともかく、900点を目指すときに、苦手なアクセントがあるというのは相当な不利になります。まずは自分に苦手なアクセントがあるかどうかを確認し、もしあれば、「苦手ではない」と言い切れるまで練習してください。

苦手である原因というのは簡単で、聞いた経験が少ないことによります。逆に言えば、苦手なものでもたくさん聞いて練習すれば、慣れてしまって苦にならなくなります。たとえば、イギリス英語が苦手な学習者が多いですけれども、これは日本ではイギリス英語に触れることの方が少ないためです。しかし、イギリスに住んでいた人にはイギリス英語の方がアメリカ英語よりも聞きやすく感じ、アメリカ英語の方が聞きづらく感じることもあるのです。

TOEICでは、異なるアクセントの複数のネイティブスピーカーが問題を読み上げています。この中で1人か2人、「この人だけは聞きにくい」ということはありませんか。もしそうなら要注意です。

練習中に苦手なものを聞くというのは、得意なアクセントを聞くときよりも理解度が下がるために、「分からないものは聞きたくない」という心理が働いて、かえっ

て避けてしまう人をよく見かけます。しかし、先ほども書いたとおり、苦手なのは聞いた経験が少ないからだけですから、しつこく粘って聞いていれば必ず苦手ではなくなりますし、逆に、積極的に聞かなければ克服できません。

いずれにしても、単純計算で9割を正答させようとしているときに、半分が苦手な状態では、カバーのしようがありません。覚悟を決めて、少なくともTOEICレベルのものならどんな英語でも問題ないというレベルにしましょう。

実際にどれくらい聴けばよいのかという目安ですが、自分の人生の中で、得意な方のアクセントをどれくらい聞いたのかを考えてください。300時間、それとも1000時間でしょうか。そして、苦手な方のアクセントはどうでしょう。その差の分だけ苦手な方を聞けばいいのです。悩むのはその時間の差をなくしてからにしてください。それまでは、単に聞いた量が少なすぎるのです。

> **Check!**
>
> 診断テスト5では、アクセント別に理解度を測ります。もし、偏ったスコアが出るようでしたら、苦手アクセントを努めて聞き、苦手でないように練習しましょう。

●単語の聞き取り能力は十分か

苦手なアクセントをなくすことが大事と書きましたが、たとえば、アメリカ英語のほうがイギリス英語よりも聞き取りやすいと感じているからといって、アメリカ英語がパーフェクトに聞き取れるわけではないでしょう。たとえ苦手ではないアクセントでも、単語が聞き取れないということがまだまだあるはずです。そこで、苦手なものに取り組むだけでなく、全体的な聞き取り能力の向上にも努める必要があります。

具体的には、900点を取るために、

> TOEIC試験中に単語自体が聞き取れないことが（ほぼ）ない

ということを目指してください。

実際の試験では、1語でも聞き落とせば900点が取れないというわけではありません。しかし、当然ながら、英文を理解するのに妨げにならない程度には聞き取れる必要はあります。p.104で述べるように、単語が聞き取れても意味がとれない英文があるということも考えると、やはり、聞き取れない単語の数は限りなくゼロを目指すべきでしょう。

一般に、単語自体の聞き取りが難しい原因として次のようなものがあります。

① 単語の発音を正確に覚えていない
② アメリカ英語やイギリス英語など、特定のアクセントに慣れていない
③ 音の脱落や連結に慣れていない

①は条件2（p.36）で、②についてはp.76で、すでに説明しました。ここでは、③について説明します。

英語の単語は、実際の英文で話される場合、複数の単語がつながって発音されたり、音が脱落したりします。

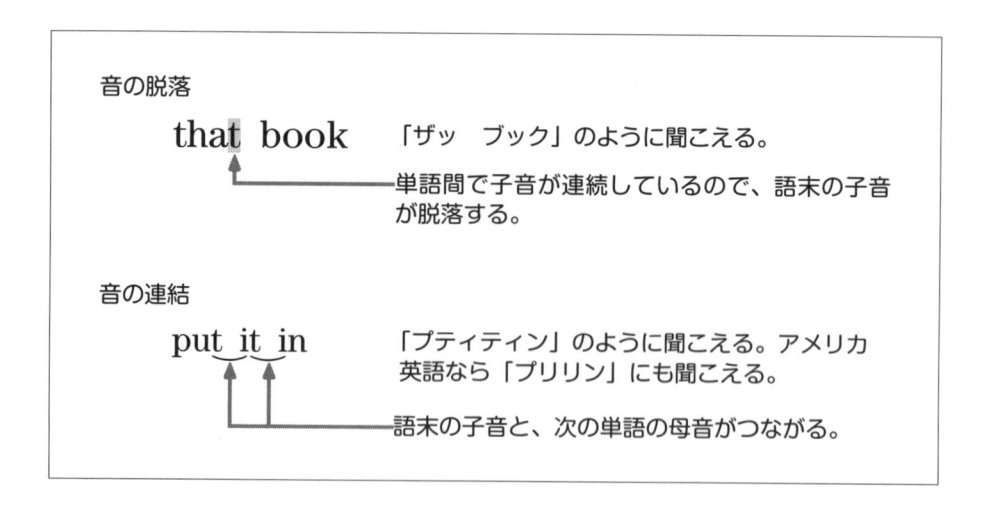

音の脱落

that book 「ザッ ブック」のように聞こえる。

単語間で子音が連続しているので、語末の子音が脱落する。

音の連結

put it in 「プティティン」のように聞こえる。アメリカ英語なら「プリリン」にも聞こえる。

語末の子音と、次の単語の母音がつながる。

このため、元の単語とはかけ離れた、いわば「ぐちゃぐちゃ」になったものに聞こえます。そして、それが単語を聞き取ることができない大きな原因になっているのです。したがって、リスニングの練習では、このぐちゃぐちゃになった音の羅列を単語に分解できるようにしなければなりません。

単語が聞き取れないと、どうしても耳のせいにしてしまいがちですが、実際には、音自体はきちんと聞き取れていることもよくあります。たとえば、さきほどのput it in も「何と言っているのか分からない」という人でも、カタカナで書くと「プリリン」とか「プティティン」のように聞こえていることが多いのです。その場合は、音自体は非常に正確に取れていることになります。単に、聞き取った音がどの単語に相当するかが分かっていないだけです。

これは、実際にぐちゃぐちゃになったものを何度も聞いて覚えていくしかありません。たとえば、「『プリリン』と聞こえたら、put it in のことだと思っておこう」と覚えておくのです。

もちろん、1つ1つ覚えていくとなると、単語と単語の組み合わせが莫大な数になります。しかし、人間の頭は結構便利にできていて、もし、「プリリン」がput it in のことだと覚えてしまえば、「ゲリリン」が get it in で、「プリラウ」が put it out のことだと分かったりするなど、よく似たコンビネーションの音を聞き取れるようになるのです。

ちなみに、単語自体の聞き取り能力が向上するかどうかは、どれくらい全神経を集中して、単語を聞き分けようとしたかで決まります。単に、音声が耳を通過した回数や時間ではありません。留学生や海外駐在者は、短期間で劇的にリスニング力が伸びることが多いですが、これは、英語に接する機会が増えたというだけでなく、話しかけられたときに聞き取れないということが苦痛なため、話しかけられるたびに、何としても一度で理解しようと、全神経を集中しているからです。逆に言えば、聞いて練習するときに、この心構えでやれば、効果が高くなります。どんな教材でも英文を聞くときには、単にがんばって聞くというよりも、まるで自分が話しかけられているかのように、必死で聞くということを心がけてください。

> **Check!**
> 診断テスト6では、ディクテーションを行ない、どれくらい単語が聞き取れるのかを測ります。国別の正答率も算出してみましょう。

●負荷をかけて練習する

リスニングの練習を行なう際に、ぜひ取り入れていただきたいのが、負荷の掛かる条件で聞くということです。主に次のような方法があります。

映画やニュースなど、教材ではないものも聞く
映画やニュース、ドラマなど、いわゆる「生の英語」または、それに近いものも練習の素材として活用しましょう。映画やドラマの俳優も、滑舌のよい人から激しい訛りの人、そして、ノンネイティブまでさまざまです。ニュースを聞くなら、原稿を読んでいるときだけでなく、インタビューや、ちょっとしたやりとりなども聞いてください。

悪条件の下で聞く
しーんと静まりかえった部屋で聞いたり、ヘッドフォンを使って聞いたりするだけでなく、電車の中や雑踏など、うるさいところでも聞くようにしてください。日本語ならなんとかなるというレベルの雑音には耐えられるようにする必要があります。また、ラジオなど、音質が悪いものも聞きましょう。

生の英語を聞いたり悪条件で聞くというのは、例えて言えば、マラソンランナーの高地トレーニングと同じようなものです。実際に走るコースが高地ではなくても、酸素の薄い高地でトレーニングをする選手がいますね。これは、自分に負荷を掛けることによって、心肺能力を高めるためです。これと同じように、たとえ、試験で出ないような素材や条件であっても、高い負荷を掛けて練習することには、さまざまな恩恵があるのです。具体的には次のような利点があります。

① **単語以外の情報も駆使して聞く姿勢になりやすい**
　単語自体が聞き取りにくい状況で、それでも英文を理解しようとすると、聞こえた単語だけから意味を取るという贅沢ができないため、知らず知らずのうちに、それ以外の情報、すなわち、文脈を使って補完したり、イントネーションもあてにしたりしようとすることになります。この「単語だけ聞いていてもダメだ」と思えることが練習になるのです。この姿勢が身につけば、本番で聞き取れない箇所が出てきても、推測して意味を取ることができやすくなります。

② **自分が受け入れられる幅を広げることができる**
　たとえば、日本語で全く同一の文を読み上げても、アナウンサーのように聞き取りやすい人もいれば、聞き取りにくい人もいます。つまり人の発音には幅があるのです。それでも日本語ならよほどのことがない限り問題なく聞き取れるはずです。これを英語でもできるようにするためには、アナウンサーレベルの発音ばかり聞くのではなく、一般人の発音やノンネイティブの発音を聞いて、自分が受け入れられる幅を広げることが大切です。同じ英文なら、誰が読んでも聞き取れる状態を目指すということですね。アナウンサーの完璧な発音以外は聞き取れないということのないようにしましょう。

③ **物音がしても動揺しなくなる**
　TOEICのリスニング試験中に、少しでも物音が立ったり、隣の受験者のイスの音などで動揺し、聞いている最中の文がまるごと飛んでしまうということが少なくなります。これは、実際にそのような悪条件に慣れているということと、そして、「自分はもっとひどいところでも練習してきた」という意識があって、精神的に動じにくくなるからです。逆に、普段から完璧な環境でばかり聞いていると、少しの雑音でも気になったり集中できなくなったりしてしまいます。

　注意しなければならないのは、いくら試験会場が静かだからといっても、自室で窓を閉め切っているよりも雑音が多いということです。他の受験者の身動きする音や咳払い、くしゃみ、イスがきしむ音、鉛筆の音や問題用紙をめくる音までさまざまな雑音が聞こえてきます。いちいちそれらに邪魔されていては高得点は望めません。自室で受験できない以上、雑音に動じないリスニング力を身につけるというのが、結局は一番の防衛策なのです。

④ 実生活でのリスニング力が向上する

あまりにパーフェクトな素材ばかりを使って練習すると、日常生活では困ることがあります。たとえば、ニュースなどでアナウンサーが話しているときは、それなりに聞き取れるのに、それ以外の人が話すととたんに理解度が低下するなどです。自分に向かって話しかけられたときは理解できるのに、ネイティブ同士の会話だと、そばで聞いていても理解できないということはありませんか。もし、TOEICのスコアアップだけではなく、実践的な英語力も向上させたいのなら、本当の意味での「日常英語」を聞き慣れておきましょう。

このように負荷をかけて聞くことには、さまざまな利点があります。もちろん、負荷のかからないものをきちんと聞くという練習も大切ですので、バランスよく練習に取り入れ、雑草のようなしぶといリスニング力を身につけてください。

診断テスト 5 ― 苦手なアクセントを確認する

診断テスト 5 では、苦手なアクセントがあるかどうかを測ります。

Part 2（応答問題）の問題を 10 問× 2 セット＝ 20 問解きます。Test 1 は、アメリカ人とカナダ人によって吹き込まれたものです。Test 2 は、イギリス人とオーストラリア人によって吹き込まれたものです。この 2 つのセットの点数を比べることによって、苦手アクセントがないかを診断し、合計でどれぐらい正答できているかを算出します。

TOEIC の Part 2 は、リスニングパートの中でも唯一、音声のみの問題であり、Part 1（写真描写問題）のように、視覚の助けもなく、また、Part 3（応答問題）や Part 4（設問文問題）のように、設問文を読む必要もありません。そのため、音声だけでどの程度処理できるのかがよく分かるようになっています。

採点がすんだら、Test 1 と Test 2 のスコアを比べてみてください。もし差が大きいようであれば、出来がよくない方のアクセントが苦手だということです。

目標は 20 問中 18 問正解です。

Test 1

CD Track **04-13**

Q1 ~ 10   Mark your answer

1	Ⓐ Ⓑ Ⓒ	6	Ⓐ Ⓑ Ⓒ
2	Ⓐ Ⓑ Ⓒ	7	Ⓐ Ⓑ Ⓒ
3	Ⓐ Ⓑ Ⓒ	8	Ⓐ Ⓑ Ⓒ
4	Ⓐ Ⓑ Ⓒ	9	Ⓐ Ⓑ Ⓒ
5	Ⓐ Ⓑ Ⓒ	10	Ⓐ Ⓑ Ⓒ

Test 2

CD Track **14-23**

Q11 ~ 20   Mark your answer

11	Ⓐ Ⓑ Ⓒ	16	Ⓐ Ⓑ Ⓒ
12	Ⓐ Ⓑ Ⓒ	17	Ⓐ Ⓑ Ⓒ
13	Ⓐ Ⓑ Ⓒ	18	Ⓐ Ⓑ Ⓒ
14	Ⓐ Ⓑ Ⓒ	19	Ⓐ Ⓑ Ⓒ
15	Ⓐ Ⓑ Ⓒ	20	Ⓐ Ⓑ Ⓒ

達成度の計算

1 Test 1 と Test 2 の正答数を足して、合計正答数を算出します。

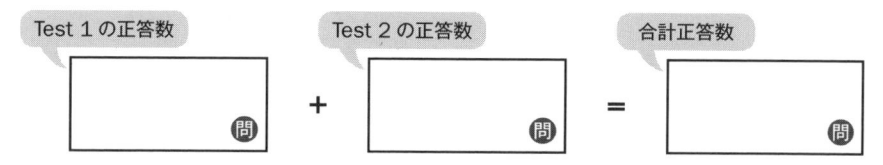

Test 1 の正答数 ☐ 問 ＋ Test 2 の正答数 ☐ 問 ＝ 合計正答数 ☐ 問

> ⚠ Test 1 と Test 2 のスコアを比べて、どちらかが著しく悪い場合、苦手なアクセントがあるといえます。

2 下記の表から、診断テスト 5 の得点を求めてください。

太枠 900 点圏内

正答数	得点
18 問以上	**5 点**
17 問	**4 点**
15 個〜 16 個	**3 点**
13 個〜 14 個	**2 点**
11 個〜 12 個	**1 点**
10 個以下	**0 点**

診断テスト 5 の得点 ☐ 点

この得点は次の診断テスト 6 の得点と合算します。

Answers - Test 1

1. 正解 （A）　　　　　　　　　　　　　　　　　　　　US→CA

How long do you think we should wait before we contact them again?
(A) Let's give them another week.
(B) OK, we will contact them again.
(C) Yes, a month should be fine.

彼らにもう一度連絡をするのにどれくらい待つべきだと思いますか。
もう1週間待ちましょう。
はい、私たちはもう一度彼らに連絡を取ります。
はい、1カ月でいいでしょう。

どれくらい待つべきかを問われているので(A)が正解。(B)はどれくらい待つべきかという問いの答えになっていない。(C)はYesで答えているので選べない。

2. 正解 （B）　　　　　　　　　　　　　　　　　　　　CA→US

Do you know who will take over after Mr. Bond retires?
(A) Yes, he will retire at the end of July.
(B) No, but it's been narrowed down to three people.
(C) Sure, he will be taken over.

Mr. Bondが退職した後、誰が引き継ぐか知っていますか。
はい。彼は7月の終わりに退職します。
いいえ、でも3人にまで絞られました。
もちろんです。彼は引き継がれます。

(A)はMr. Bondが退職する時期を答えている。(C)はsureとそのあとの応答が合っていない。よって、(B)が正解。narrow downで「絞り込む」の意味。

3. 正解 （B）　　　　　　　　　　　　　　　　　　　　US→CA

Excuse me, I was wondering whether someone had handed in a briefcase?
(A) That's OK! Don't mention it!
(B) Was it brown?
(C) Yes, you can leave it here.

すみません、誰かがブリーフケースを届けていないかと思いまして。
いいですよ、気にしないで。
茶色でしたか。
はい、ここに置くことができます。

設問が、遺失物を取り扱っている場所でブリーフケースをなくした人が話しているものと気がつけば、色を確認している(B)が正解だと分かる。

CD Track **04-06**

4. 正解 (A)　　　　　　　　　　　　　　　　　　　　　CA→US

Could you contact the committee members and tell them the new time of the meeting?
(A) I already e-mailed them this morning.
(B) The time has been changed to 2 o'clock.
(C) Yes, I'm sure they're all committed.

委員会のメンバーたちに連絡して、会議の新しい時間を教えてあげてくれますか。
今朝すでにメールを送ってあります。
時間は 2 時に変えられました。
はい、彼らはみんな献身的だと思います。

会議の時間を伝えるように言われているので、(A) が応対としてもっとも適当。
(C) の committed は「力を入れている、献身している」の意味。

5. 正解 (B)　　　　　　　　　　　　　　　　　　　　　US→CA

Do you think you'll have the work done by Friday?
(A) I think you work hard.
(B) We'll have it done if the weather holds.
(C) Yes, I've walked half way already!

金曜日までにはその仕事を終えられると思いますか。
あなたは懸命に働いていると思います。
もし天気が持ちこたえれば終わります。
はい。もうすでに半分歩いてしまっています。

(C) は worked と walked の聞き間違いに注意。

6. 正解 (A)　　　　　　　　　　　　　　　　　　　　　CA→US

Have you discussed the problem with Technical Services?
(A) Not yet, but I'm meeting with Mr. Lund after lunch.
(B) No, they talked to me about it this morning.
(C) No, the discussions are in progress.

その問題についてテクニカルサービス部と話しましたか。
まだですが、昼食後に Mr. Lund と会合する予定です。
いいえ、彼らは今朝それについて私に話しました。
いいえ、話し合いは進行中です。

(B) と (C) はともに、No という答えとその後の文の意味が合わない。

CD Track **07-09**

7. 正解 (B)　　　　　　　　　　　　　　　　　　　　　　US→CA

Where should I put this report you requested?
(A) Silvia's got it on her desk at the moment.
(B) Could you take it to Jeff first?
(C) Sorry, I haven't had time to get it yet.

あなたが頼んだこのレポートをどこに置けばいいですか。
(A) 今 Silvia が自分の机の上に持っています。
(B) まず Jeff に持っていってくれますか。
(C) ごめんなさい、まだそれを受け取る時間を持てていないのです。

レポートをどこに置けばよいのかを問われているからといって、どこに置くのかを答えるだけが正しい応答ではない。(B) も自然な応答である。

8. 正解 (A)　　　　　　　　　　　　　　　　　　　　　　CA→US

Why don't you put in an application for that new post overseas?
(A) I'm considering it now.
(B) I was really surprised I got the post.
(C) I don't know anything about the postal system.

海外の新ポストに申し込んではどうですか？
(A) 今考慮中です。
(B) そのポストを得たときには本当に驚きました。
(C) 郵便システムについては何も知りません。

(B) はこれから申し込むはずの仕事の話なのに、すでに得たことになっているのでおかしい。(C) は post と postal の聞き間違いに注意。

CD Track **10-11**

9. 正解 (B)　　　　　　　　　　　　　　　　　　　　　　　　　　　　US→CA

Who attended the time management seminar on the weekend?	週末の時間管理セミナーには誰が出席しましたか。
(A) Janet is looking forward to it.	Janet はそれを楽しみにしています。
(B) Actually, it was canceled.	実は、中止になりました。
(C) John is giving the seminar on Saturday.	John は土曜日にセミナーをする予定です。

すでにおこなわれたセミナーなので、(A) は不可。(C) は意味も時制も合わない。

10. 正解 (B)　　　　　　　　　　　　　　　　　　　　　　　　　　　　CA→US

Please tell Mr. Creevy that we need him at the meeting this afternoon.	Mr. Creevy に、午後の会議に出てほしいと伝えてください。
(A) Sure. I'll attend the meeting.	もちろん。私は会議に出ます。
(B) I'm afraid he's out of town until next week.	残念ですが、彼は来週まで町にいません。
(C) That's right, he doesn't like meetings.	その通りです。彼はミーティングが好きではありません。

(A) は主語が I だから話が合わない。(C) は設問の応答としては不自然。

CD Track **12-13**

Answers - Test 2

11. 正解 (B)   UK→AU

Where has the vase on the filing cabinet gone?
(A) He is having a meeting with a client.
(B) I'm afraid Mr. Brown broke it.
(C) They left for New York this morning.

書類棚の上の花瓶はどこに行ったのですか。
(A) 彼は顧客とミーティング中です。
(B) Mr. Brown が壊してしまいました。
(C) 今朝、彼らはニューヨークに出発しました。

> vase の発音に注意。イギリス英語では véis「ヴェイス」ではなく、vɑːz「ヴァーズ」。ただ、それが分からなくても、物であることは察したいところ。

12. 正解 (C)   AU→UK

How far is the factory from the nearest station?
(A) About an hour from the factory.
(B) It's very near the factory.
(C) It's about 10 minutes by car.

一番近い駅から工場までどれくらい離れていますか。
(A) 工場からおよそ1時間です。
(B) 工場からとても近いです。
(C) 車で10分ぐらいです。

> 最寄り駅からどれくらいかを問われているので、(C) が正解。(A) は from the factory がおかしい。

13. 正解 (C)   UK→AU

How long will I have to make the connecting flight?
(A) I think it departs from Gate 4.
(B) Its flight time is about 4 hours.
(C) If everything runs to schedule, about 50 minutes.

接続便に乗り換えるまでどれくらいの時間がありますか。
(A) 4番ゲートから出発すると思います。
(B) 飛行時間はおよそ4時間です。
(C) 全てがスケジュールどおりなら、およそ50分です。

> 接続便までの時間を問われているので、出発ゲートを答えている (A) は不可。また、(B) は接続便の飛行時間を答えている。

CD Track **14-16**

14. 正解 (C)　　　　　　　　　　　　　　　　　　　　AU→UK

When is the new production machinery scheduled to arrive?
(A) It's the latest version of the equipment.
(B) The schedule arrived by post today.
(C) It was due today, but it's been delayed at the port.

新しい製造機械はいつ到着の予定ですか。
それは設備の最新版です。
予定表は今日郵便で届きました。
今日の予定でしたが港で遅れています。

(A) は到着日を答えていないので不可。(B) は、到着するのが機械類ではなく予定表なので話に合わない。

15. 正解 (C)　　　　　　　　　　　　　　　　　　　　UK→AU

Why aren't you attending the conference this year?
(A) The agenda looks really interesting.
(B) Because I'm attending for the first two days.
(C) I am, actually.

今年はなぜ会議に出席しないのですか。
議題がとても面白そうに見えます。
なぜなら最初の2日間に参加するからです。
出席しますよ、実は。

(A) は出席しない理由を問われているので不自然。(B) は設問に対して because で答えているので、出席しない理由を答えることになるが、最初の2日間出席するのだからおかしい。

16. 正解 (B)　　　　　　　　　　　　　　　　　　　　AU→UK

When are we having the planning meeting?
(A) We'll have to postpone next week's product launch.
(B) I don't think it's been decided yet.
(C) It's going to be held in head office, I think.

企画会議はいつの予定ですか。
来週の製品の販売開始を延期しなければならないでしょう。
まだ決まってないと思います。
本社だと思います、きっと。

(A) は postpone「延期する」だけで選ばないように注意。販売開始を延期すると答えるのは不自然。(C) は場所を答えている。

CD Track **17-19**

17. 正解 (B)　　　　　　　　　　　　　　　　　UK→AU

Where are the drawings of the new production line you showed me last week?
(A) The drawings were finished last week.
(B) They're on the CD-ROM I gave you at the same time.
(C) Yes, they were drawings of the new production line.

あなたが先週見せてくれた新しい生産ラインの設計図はどこですか。
(A) 設計図は先週終わりました。
(B) いっしょにあなたに渡したCDにあります。
(C) はい。それらは新しい生産ラインの設計図でした。

> where で始まる疑問文だと分かれば、(A)(C) はともに答えではないと分かる。

18. 正解 (C)　　　　　　　　　　　　　　　　　AU→UK

Are the deadlines indicated in the project schedule realistic?
(A) I think the deadline is next Friday.
(B) I think they are specified in the project schedule.
(C) They're a little tight but they're achievable.

プロジェクト行程表にある締め切りは現実的なものですか。
(A) 締め切りは来週の金曜日だと思います。
(B) それらは、プロジェクト行程表に明記されています。
(C) すこし厳しいですが、達成可能です。

> (A) は締め切りがいつかを答えているだけなので不自然。(B) は締め切りがどこに書いてあるか述べているだけで、質問に答えていない。

CD Track **20-21**

19. 正解 (C)　　　　　　　　　　　　　　　　　　　　AU→UK

How much feedback did you get about your research proposal?
(A) It's going to cost $100,000.
(B) I think the research is important.
(C) I'm afraid I haven't heard anything yet.

あなたの研究の企画についてどれくらいの意見を得ましたか。
$100,000 かかりそうです。
その研究は大切だと思います。
残念ながらまだ何も返事がありません。

> feedback は「反応、意見」。(A) は how much を誤解した答えなので合わない。また、設問がどれくらいの反応があったのかを問うているので、(B) は答えとしては不適切。(C) はまだ何も聞いていないということで、自然な解答となる。

20. 正解 (B)　　　　　　　　　　　　　　　　　　　　UK→AU

What are you doing about the personnel problem we discussed last week?
(A) I'd rather not talk about my personal problems.
(B) I've invited some of the staff to a meeting tomorrow.
(C) Yes, I discussed it with you last week.

先週私たちが話し合った人事の問題をどうするつもりですか。
私の私的な問題については話したくありません。
スタッフ数名を明日ミーティングに呼びました。
はい、先週あなたとそれを話し合いました。

> (A) は personnel と personal の聞き間違いに注意。(C) は設問の一部を繰り返しているだけなので答えになっていないし、yes と答えている。

CD Track **22-23**

診断テスト 6 ― 単語の聞き取り能力を測る

診断テスト 6 では、ディクテーションを行ない、単語の聞き取り能力を測ります。パッセージを聞いて、制限時間内にどれだけ単語が正確に聞き取れるかを問う問題です。問題はアメリカ・カナダ・イギリス・オーストラリアという4つのアクセントで読まれます。Test 1 は、アメリカとカナダ、Test 2 はイギリスとオーストラリアのアクセントです。

Test 1 - Passage 1 アメリカ …… 4分 ⎫
　　　　 Passage 2 カナダ 　　 …… 4分 ⎬ 8分
　　　　　　　　　　　　　　　　　　　⎭

Test 2 - Passage 1 イギリス 　 …… 4分 ⎫
　　　　 Passage 2 オーストラリア … 4分 ⎬ 8分
　　　　　　　　　　　　　　　　　　　⎭

問題は、長文の穴埋め形式になっていますので、長文を聞いて、聞き取った単語を記入してください。ただし、1つの空所には 1〜3 語入り、解答欄は 3 語分のマスになっていますが、それぞれ何単語入るかは分かりません。1 マスしか使わないこともあります。聞き取ったとおりに記入してください。制限時間内であれば、途中で止めても何度聞き返しても結構です。

Passage 1 から解き始め、4 分が経過したら途中でもやめて、Passage 2 に進んでください。得点は正答した単語の数です。聞き落しなどで解答欄のマスがずれていてもかまいません。たとえば、a number of と書き取るべきところを number of と書いた場合は、2 単語正しく聞き取っていますので、2 点となります。

全体の正答率だけでなく、Test 1 と Test 2 で差がないかも確認してください。著しく点数に差がある場合は要注意です。

なお、このテストに練習はありません。目標は 80 問中 76 問正解です。

Test 1

CD Track 24 制限時間 4 分

Passage 1

Hello, Mr. Lundkvist. This is Frank Peters __1__ Future Textiles Limited. __2__ calling you about your new electronic textile presentation __3__ International Textile Convention. We were impressed by the quality __4__ and __5__ interested in discussing a joint venture. We heard about your difficulties designing a manufacturing process __6__ minimize __7__ maintain quality. __8__ department __9__ working on such a process, and we would like to arrange a meeting to discuss __10__ collaboration. My contact number is 777-4567.

解答欄   1マスに1単語記入

1		
2		
3		
4		
5		
6		
7		
8		
9		
10		

Passage 2

Welcome to the 25th Blanchard lecture! Unfortunately, Mr. Blanchard, the industrialist who sponsors __1__, cannot be __2__ today for health reasons. In his place, we have __3__ welcoming __4__, Ms. Georgina Herriot, whose time and resources __5__ research into a new model of education, one which fulfills the __6__ post-industrial society. It is therefore appropriate __7__ lecture is about future education. __8__ introduce our speaker, a man familiar __9__ education and industry, Professor James Robertson.

Test 2

Track 26 — 制限時間 4 分

Passage 1

Hello, everyone. My name is Coleen Bryant, and I'd like to welcome you to the Louth Museum of Art. The museum __1__ in 1876 __2__ room __3__ city hall. After the city hall was moved in the 1960's, the support of government officials and hardworking volunteers __4__ the museum to grow __5__ building. Since then, the collection __6__, adding several masterpieces to its collection of works by local artists. Exhibitions, both permanent and temporary, have created __7__ interest in art __8__ locals. Now, let's proceed with today's tour.

解答欄 1マスに1単語記入

1			
2			
3			
4			
5			
6			
7			
8			

Passage 2

Thank you everyone for coming to this farewell party for Dr. Phillips. Dr. Phillips came __1__ after 15 years __2__ university researcher, and since that time, 25 years ago, we have seen our research department grow to be __3__ our industry due largely __4__ to improve facilities and training. Also, his contribution to the research itself has been formidable, and many of us __5__ how __6__ put __7__ back on track. Sadly, it is time to __8__ him to start a new life of retirement. He assures me, however, that he will be available to help out if the __9__.

達成度の計算

1 次ページの解答を見て採点してください。そして、Test 1 と Test 2 の正答数を足して、合計正答数を算出します。

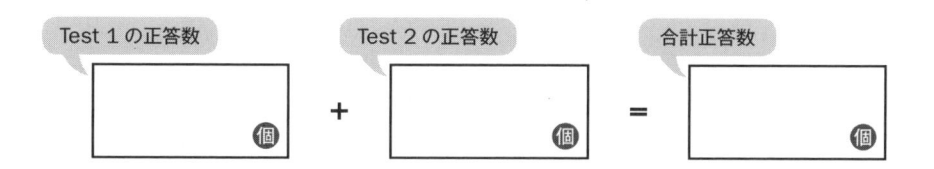

Test 1 の正答数 [ ] 個 + Test 2 の正答数 [ ] 個 = 合計正答数 [ ] 個

2 下記の表から、診断テスト6の得点を求めてください。

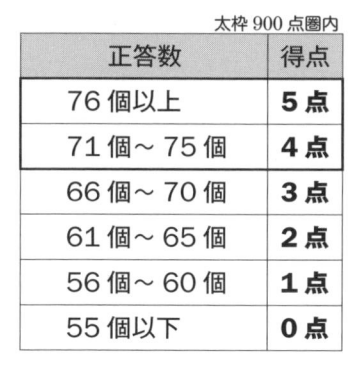

太枠 900 点圏内

正答数	得点
76 個以上	**5 点**
71 個〜75 個	**4 点**
66 個〜70 個	**3 点**
61 個〜65 個	**2 点**
56 個〜60 個	**1 点**
55 個以下	**0 点**

診断テスト6の得点 [ ] 点

3 診断テスト5と6の得点を合計し、条件4の総合得点を計算します。p.318 のスコアシートに書き写しましょう。

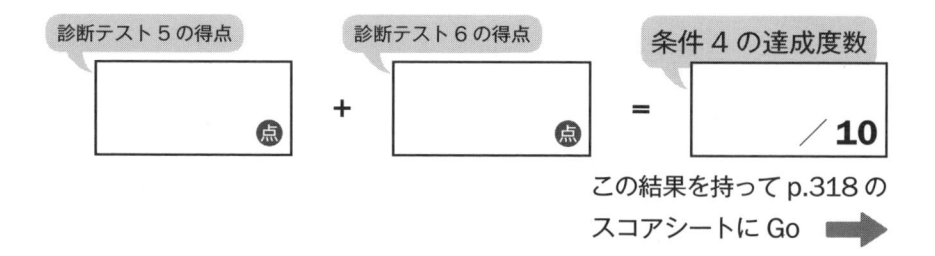

診断テスト5の得点 [ ] 点 + 診断テスト6の得点 [ ] 点 = 条件 4 の達成度数 [ ] / 10

この結果を持って p.318 の
スコアシートに Go ➡

Answers - Test 1

Passage 1   US

Hello, Mr. Lundkvist. This is Frank Peters <u>of</u> Future Textiles Limited. <u>I was</u> calling you about your new electronic textile presentation <u>at the</u> International Textile Convention. We were impressed by the quality <u>of the material</u> and <u>would be</u> interested in discussing a joint venture. We heard about your difficulties designing a manufacturing process <u>that would</u> minimize <u>costs but</u> maintain quality. <u>Our research</u> department <u>has been</u> working on such a process, and we would like to arrange a meeting to discuss <u>a possible</u> collaboration. My contact number is 777-4567.

こんにちは、Mr. Lundkvist。こちらは、Future Textiles 社の Frank Peters です。国際織物コンベンションでの、あなたの新しい電子織物のプレゼンテーションについてお電話しています。私どもはその素材の質に感銘を受け、共同事業について話し合いたいと思っています。コストを抑えながら質を維持する製造方法を開発するのが難しいと聞きました。私どもの研究部はそのような製法に取り組んでおりまして、共同事業が可能かどうか検討するためにお会いしたいと存じます。私の連絡先は、777-4567 です。

解答
1単語=1点　20点満点

#			
1	of		
2	I	was	
3	at	the	
4	of	the	material
5	would	be	
6	that	would	
7	costs	but	
8	Our	research	
9	has	been	
10	a	possible	

CD Track **24**

Passage 2

Welcome to the 25th Blanchard lecture! Unfortunately, Mr. Blanchard, the industrialist who sponsors the lectures, cannot be with us today for health reasons. In his place, we have the honor of welcoming his daughter, Ms. Georgina Herriot, whose time and resources are furthering research into a new model of education, one which fulfills the needs of a post-industrial society. It is therefore appropriate that today's lecture is about future education. Let me introduce our speaker, a man familiar with both education and industry, Professor James Robertson.

第25回のBlanchard講演会にようこそ。残念ながら、講演会のスポンサーである企業家のMr. Blanchardは健康上の理由で、本日ここにはお越しになれません。その代わりとして、ご令嬢のMs. Georgina Herriotをお迎えいたします。Ms. Herriotは自らの時間と資産を使って、脱工業化社会のニーズを満たす新たな教育モデルの研究を助成しています。それゆえ、本日の講義が未来の教育についてであるというのは時宜を得たものであります。講演者をご紹介します。教育と産業の両方に精通しておられます。James Robertson教授です。

解答			1単語=1点　20点満点
1	the	lectures	
2	with	us	
3	the	honor	of
4	his	daughter	
5	are	furthering	
6	needs	of	a
7	that	today's	
8	Let	me	
9	with	both	

CD Track 25

Answers - Test 2

Passage 1 UK

Hello, everyone. My name is Coleen Bryant, and I'd like to welcome you to the Louth Museum of Art. The museum <u>was founded</u> in 1876 <u>in a spare</u> room <u>of the then</u> city hall. After the city hall was moved in the 1960's, the support of government officials and hardworking volunteers <u>has enabled</u> the museum to grow <u>to fill the</u> building. Since then, the collection <u>has grown</u>, adding several masterpieces to its collection of works by local artists. Exhibitions, both permanent and temporary, have created <u>a revival of</u> interest in art <u>among the</u> locals. Now, let's proceed with today's tour.

みなさん、こんにちは。私の名前はColeen Bryantです。Louth Museum of Artにようこそ。この美術館は1876年に、当時の市役所の空き部屋に設立されました。1960年代に市役所が移転した後、職員と努力をおしまないボランティアの支援でその建物一杯に大きくすることができました。それ以来、コレクションは増え、地元アーティストによる作品群に加えて、名作もいくつか増えました。展示は、常設展と企画展ともに、地元住民の間に芸術に対する関心をよみがえらせてきました。それでは、本日のツアーに参りましょう。

解答 1単語=1点　20点満点

1	was	founded	
2	in	a	spare
3	of	the	then
4	has	enabled	
5	to	fill	the
6	has	grown	
7	a	revival	of
8	among	the	

CD Track **26**

Passage 2

Thank you everyone for coming to this farewell party for Dr. Phillips. Dr. Phillips came <u>to us</u> after 15 years <u>as a</u> university researcher, and since that time, 25 years ago, we have seen our research department grow to be <u>the envy of</u> our industry due largely <u>to his efforts</u> to improve facilities and training. Also, his contribution to the research itself has been formidable, and many of us <u>can recall</u> how <u>his input</u> put <u>many a project</u> back on track. Sadly, it is time to <u>allow</u> him to start a new life of retirement. He assures me, however, that he will be available to help out if the <u>need arises</u>.

Dr. Phillips のためのこの送別会に来ていただいて皆さんありがとうございます。Dr. Phillips は大学の研究者として15年働いた後、我が社に入社しました。25年前のその時以来、私たちの研究部は成長し、業界で羨望の的となりました。これは、施設と研修を改善しようという彼の努力によるところが大きいです。また、研究そのものに対する彼の貢献も格別のものであり、彼の働きで多くのプロジェクトが再び軌道に乗ったことを覚えている方も多いでしょう。残念ながら、彼が引退後の新しい生活を始めることを認める時となりました。しかしながら、もし必要ならばご助力いただけることを、彼は確約してくれています。

解答		1 単語 =1 点　20 点満点
1	to	us
2	as	a
3	the	envy	of
4	to	his	efforts
5	can	recall
6	his	input
7	many	a	project
8	allow		
9	need	arises	

CD Track **27**

900点の条件 5

聞き取れた分だけきちんと理解できる

● **単語以外の情報をつかんでいるか**

リスニングの練習を行なうとき、とにかく「聞き取れる単語を増やし、聞き取れない単語を極力少なくする」という姿勢で練習するという方が多いのではないでしょうか。確かに、条件4で述べたとおり、聞き取れない単語の数を減らすことは重要です。しかし、その一方で、「単語は全て聞き取れたのに、意味が理解できなかった」という経験をしたことはありませんか。これはすなわち、「聞き取り＝理解」とは必ずしもならないことを示しています。逆に言えば、単語を聞き取ることだけに集中してはいけないということです。

聞き取れても理解できないことがあるというのは、単語以外にも意味を持つ項目があり、それを処理していないからということになります。それが文法や構文です。

文法や構文は、多くの方が文法問題で訓練をつんできたせいか、正しい文を作るためとか、知識の問題のように考えられがちですが、それだけではなく、それがないと伝えられないことがあるから使われていると考えてください。つまり、単語と同じように文の意味の一部となるために使われているのです。そのため、文法・構文を考慮に入れないと、それらが表すはずの意味を取り逃すことになります。そして、その結果、文の意味が曖昧になったり、誤解したり、理解できないことにつながるのです。すべてを理解するためには、文法や構文も処理して、それらが持つ意味も汲み取らなければなりません。

たとえば次の文を聞いたとしてください。

> Jordan and her brothers always watched a news program before eating breakfast.

この文を聞いたとき、

> Jordan and her brothers always watched a news program before eating breakfast.

のように灰色部分の処理をしなければ、

① Jordan が女性であること
② brothers が複数形であること
③ watched が過去形であること
④ 前置詞が before であること

が曖昧になることになります。そうすると、

> ×ジョーダン（男性）と弟（1人）はいつも朝食を食べながらニュース番組を見ている。

のように理解してしまうなど、誤解の原因となります。

英文を聞いたときに、three や many など数を表す語がなければ複数形と分からないとか、yesterday と言ってもらわなければ過去の話とは気がつかない、または her と言っているのに、男性と女性を間違えるという聞き方ではダメなのです。

Part 1 の写真問題 1 つとっても、文法項目は重要です。

たとえば、

(A) The TV has been turned on.
(B) The TV is being turned on.

上記の例では、turn on「電源を入れる」が使われていると分かったところで、時制が理解できていなければ正答できません。(A) ならすでに電源が入っている状態であり、(B) ならまさに電源が入れられようとしているところになります。ですから、たとえば、誰かがテレビを見ているようなところが写真に写っていれば、(B) を選んではいけないことになります。

文法・構文を処理する上で重要なことは、イメージや印象に転化できるかどうかです。文法に気をつけるといっても、使われている文法の名前が言えるだけでは意味がありません。is being turned on が聞こえたからといって、「受動態の進行形だ」と言えるだけではだめで、まさに電源が入れられようとしているイメージがわかなければなりません。

これができるようになるかどうかは、いかに普段から文法・構文にも気をつけて、イメージ化し、意味に組み込もうとしているかにかかっています。

100% 正確に理解するためには、文法や構文も処理して意味として組み込まなければならないということは覚悟を決めてください。

> **Check!**
>
> 診断テスト 7 では、文法の箇所だけを聞いて理解できるかどうかを測るテストを行ないます。

●最後の選択肢までに答えが分かるか

英文を正確に理解できる証として、TOEIC の Part 1 (写真描写問題) と Part 2 (質問応答問題) では、最後の選択肢を聞くまでに答えが分かるということを目指してください。

たとえば、4 択の Part 1 では選択肢 (C) までを聞いた時点で、(A) ～ (C) の中に答えがあればそれが答えであり、なければ (D) が正解ということになります。3 択の Part 2 であれば、(B) まで聞けば、その時点で答えが確定できます。

多くの場合、Part 1 と Part 2 の誤答選択肢というのは、正答というにはあまりにもおかしいものになっています。そのため、英文がきちんと理解できていれば、正解を聞いたときに正解だと思うだけでなく、誤答選択肢を聞いたときに「おかしい」とか「不自然だ」などと思うはずです。このような状態なら、選択肢を最後まで聞いてから考えて選ぶとか消去法で答えを決めるなどという必要はないはずなのです。もちろん、実際の試験中に、正解が出てきた瞬間にマークする必要はありません。念のため最後の選択肢まできちんと聞いてから選べば結構です。しかし、それはあくまでもうっかりミスをなくすために「念のため」聞くだけであり、リスニングセクションで 450 点をコンスタントに取れるなら、正解が出てきた瞬間に「正解だ」と思えるはずなのです。

日本語で考えてみましょう。次の例を見てください。

問　新しいプリンターの請求書はもう届きましたか？
　　(A) まだです
　　(B) 私たちはプリンターを買いました
　　(C) 近くのコンピューターショップからです

いかがでしょうか。日本語だと、(A) が出てきた段階で「これが答えだろう」と思えるのではないでしょうか。
このような問題で、消去法でしか選べない、または、答えの選択肢を聞いた瞬間

に「これが答えだ」と思えないことが多いのであれば、たとえ結果的に答えが合っていたとしても、やはり余力がないことになります。

さらに、Part 2 では、設問が流れたら選択肢を聞く前に、どのような反応が考えられるか、解答例が思い浮かぶようにしてください。実際は、どのような反応が正解かは分かりませんので、正確に予想する必要はありません。しかし、設問を聞いた瞬間に自分なりの反応が考えられないものは、やはり身にしみて理解できていないことが多いのです。日常生活では、話しかけられたら即時に対応しなければならないのですから。つまり、自分なりの反応ができるかどうかは、本当の意味で理解できているかどうかの指標でもあるのです。

Part 2 の例

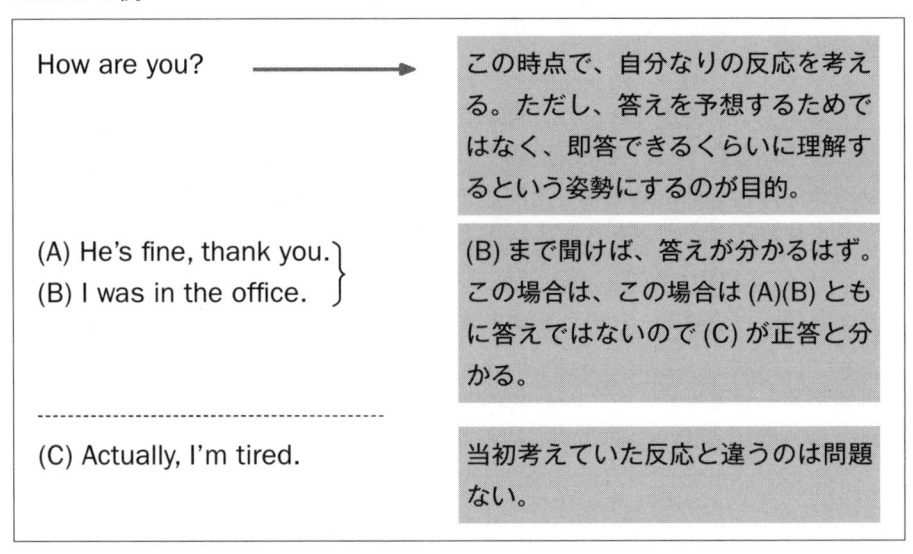

How are you? →	この時点で、自分なりの反応を考える。ただし、答えを予想するためではなく、即答できるくらいに理解するという姿勢にするのが目的。
(A) He's fine, thank you. (B) I was in the office.	(B) まで聞けば、答えが分かるはず。この場合は、この場合は (A)(B) ともに答えではないので (C) が正答と分かる。
(C) Actually, I'm tired.	当初考えていた反応と違うのは問題ない。

普段から、模試形式の問題を解く場合は、Part 1 と Part 2 では、最後の選択肢を聞く前に答えが分かっている状態にするよう心がけてください。

Check!

診断テスト 8 では、選択肢を最後まで聞かずに答えます。

診断テスト 7 — 聞きながら文法を処理しているかどうかを測る

診断テスト 7 では、リスニングの際に文法を処理できているかどうかを測ります。英文の一部から取り出した体裁となっているフレーズが一度だけ読まれますので、それを聞いて理解して、解答欄に意味を書いてください。たとえば、

will be eaten

と聞こえてきたら、「食べられるだろう」と書きます。未来形であること、そして受動態であることを逃さないでください。eat からなんとなく「『食べる』ってことだ」と思うだけでは正解にはなりません。1 問につき 20 秒のポーズがありますので、その間に答えを書いてください。書くのが間に合わなければ CD を止めても構いません。ただし聞き返してはいけません。また、1 問 1 点ですが、正答とは言えないまでも完全な誤答とも言えないものは、自分の主観で結構ですので 0.1 点きざみで点をつけてください。

テスト中は、聞こえた瞬間に意味が理解できているかどうかを確認してください。聞こえてきたフレーズだけを丸暗記して、あとでゆっくり考えてから理解できても意味がありません。聞こえてきた単語の意味だけに集中することなく、使われている文法に気がつき、それに沿って意味を出すように心がけましょう。

それと同時に、訳が言えるだけでなく、イメージや印象を持てているようにしてください。たとえば、進行形が聞こえてきたから、「〜している」という訳をつけるのではなく、「何かをしている最中」というイメージや印象が頭にあって、それを日本語にしてみたら「〜している」となったという感じです。

問題は Test 1 と Test 2 それぞれ 12 問で、目標は 20 点です。まずは練習問題で段取りをつかんでください。

練 習

CD Track **28**

CDを聞いて、意味を書いてください。

1	
2	
3	
4	
5	

最後まで解けたら、下記の正解を見て採点し、ここに書き込んでください。文法上のポイントに注意しましょう。 ➡ **得点** 　　　点

解答

1	was being constructed 建設されているところだった（過去の受動態）
2	the young professors I met at the party 私がパーティで会った若い教授たち（複数形、関係詞、前置詞に注意）
3	have left the door open ドアを開けっ放しにしてしまっている（完了形、leave+O+C）
4	by the time we got home 私たちが家に着いたころには（by the time S+V、過去形）
5	a bookcase to keep this encyclopedia in この百科事典をしまっておくための本棚（to 不定詞）

段取りがわかったら、Test 1 へ ➡

Test 1

CD Track **29**

1	
2	
3	
4	
5	
6	
7	
8	
9	
10	
11	
12	

得点 　　　点

Test 2

CD Track **30**

1	
2	
3	
4	
5	
6	
7	
8	
9	
10	
11	
12	

得点 　　　　　点

達成度の計算

1 次ページの解答を見て、文法項目が処理できているかどうかに注目して採点してください。完全な正解は1点で、完全に間違いと言えないものは0.1点きざみで採点してください。そして、Test 1 と Test 2 の得点を足して、合計得点を算出します。

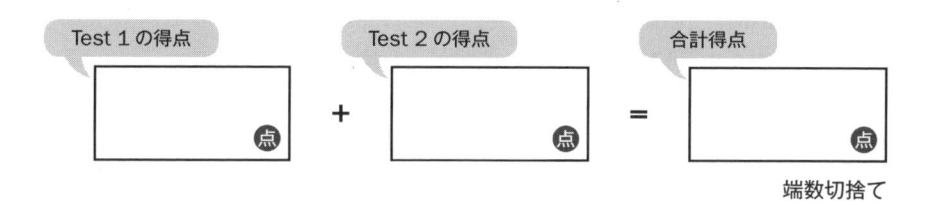

| Test 1 の得点 点 | + | Test 2 の得点 点 | = | 合計得点 点 |

端数切捨て

2 下記の表から、診断テスト7の得点を求めてください。

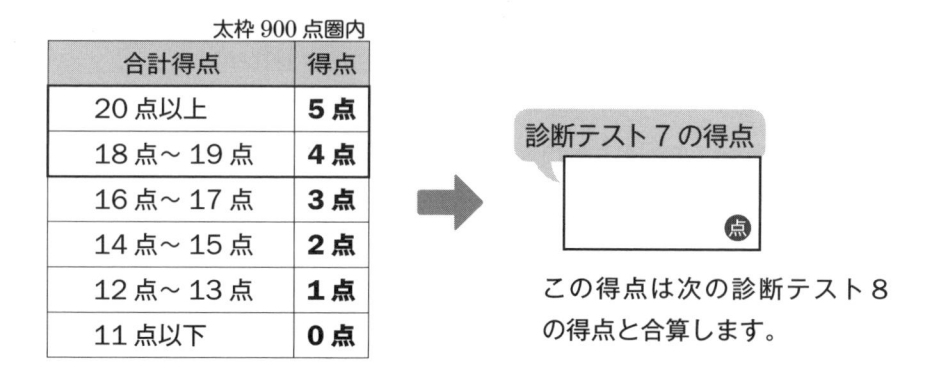

太枠 900 点圏内

合計得点	得点
20 点以上	**5 点**
18 点～19 点	**4 点**
16 点～17 点	**3 点**
14 点～15 点	**2 点**
12 点～13 点	**1 点**
11 点以下	**0 点**

診断テスト7の得点 点

この得点は次の診断テスト8の得点と合算します。

3 次の診断テスト8に進んでください。

Answers - Test 1

1	had been submitted 提出されてしまっていた（過去完了、受動態）
2	should have been informed 知らされるべきだったのに、知らされたはずだ（should have done、受動態）
3	sit down on the table テーブルの上に座る（着席したわけではないことに注意）
4	unless sales greatly improve 売り上げがものすごく改善しなければ（unless）
5	would not have been available 入手可能な状態ではなかったであろう（仮定法であることに注意）
6	birthday presents from Ashley and her daughters Ashley と彼女の娘たちからの誕生日のプレゼント（Ashley は女性、プレゼントと娘たちは複数形である）
7	the country from which Richard sent me a letter Richard が私に手紙を送ってくれた国（前置詞＋関係詞）
8	the most significant change in the education system 教育制度におけるもっとも重大な変更（最上級）
9	ask on which case the book was placed この本がどの箱の上に置かれていたのかを尋ねる（箱の上であることに注意）
10	have had the sales report checked 営業報告書をチェックしてもらった（完了形、have+ 目的語＋過去分詞）
11	however many times I visit him in his office 私が何回彼を事務所に訪れようとも（-ever）
12	wait with my wife at the station 妻と一緒に駅で待つ（妻を待つわけではないことに注意）

CD Track **29**

Answers - Test 2

1	has made the employees valuable その従業員たちを貴重なものにしている（完了形、複数形、make+O+C）	
2	might have been forgotten 忘れられてしまったのかもしれない（might have done、受動態）	
3	put the pencils and eraser by the pencil case 鉛筆と消しゴムを筆箱のそばに置く（鉛筆は複数、前置詞は by）	
4	seems to be finishing the report already すでに報告書を仕上げようとしている最中のようだ（be finishing の意味に注意）	
5	has rarely been considered ほとんど考慮されてこなかった（完了形、rarely、受動態）	
6	few products were as successful as ～ ～と同じぐらい成功している製品はほとんどなかった（few の意味、比較）	
7	will have the assistant call Mr. Green 助手に Mr. Green に電話してもらう（未来形、使役動詞）	
8	was walking energetically to the main street 大通りに向かって元気いっぱいに歩いていた（過去進行形、前置詞 to → 大通りを歩いていたのではないことに注意）	
9	whether Mr. Brown will win first prize Mr. Brown が一等賞を取るかどうか（whether S+V）	
10	the vending machines that have been installed 取り付けられた自動販売機（複数形、関係詞、完了形、受動態）	
11	a friend whose father runs a grocery store 父親が食料品店を経営している友達（関係詞）	
12	to see my kids playing video games 自分の子供たちがテレビゲームをしているのを見ること（複数形、知覚動詞）	

CD Track **30**

診断テスト 8 — 本当に理解できているかを測る

診断テスト 8 では、最後の選択肢を聞かずに Part 1（写真描写問題）と Part 2（応答問題）の問題を解きます。Part 1 では、選択肢は (C) まで、Part 2 では (B) まで読まれます。もしその中に答えがあればそれを解答欄に書き、その中に答えがなければ（×）のところにマークしてください。最後の選択肢は読まれません。

Test 1　写真描写問題
(A) 〜 (C) までの選択肢が流れる。この中に答えがあればそれが正解。なければ（×）をマーク。

Test 2　応答問題
(A)(B) の二つの選択肢が流れる。この中に答えがあれば、それが正解。なければ（×）をマーク。

このテストには練習はありません。目標は 18 点です。

Test 1

CD Track **31-40**

1.

1 Ⓐ Ⓑ Ⓒ ⊗

2.

2 Ⓐ Ⓑ Ⓒ ⊗

CD Track **31-32**

3.

3 Ⓐ Ⓑ Ⓒ ⓧ

4.

4 Ⓐ Ⓑ Ⓒ ⓧ

CD Track **33-34**

5.

5 Ⓐ Ⓑ Ⓒ ⊗

6.

6 Ⓐ Ⓑ Ⓒ ⊗

CD Track **35-36**

7.

7 Ⓐ Ⓑ Ⓒ ⊗

8.

8 Ⓐ Ⓑ Ⓒ ⊗

9.

9 Ⓐ Ⓑ Ⓒ ⊗

10.

10 Ⓐ Ⓑ Ⓒ ⊗

CD Track **39-40**

Test 2

CD Track **41-50**

★選択肢の (A) と (B) だけが読まれます。(A)(B) ともに誤答選択肢なら解答欄の
×にマークしてください。

1. Mark your answer on your answer sheet.
2. Mark your answer on your answer sheet.
3. Mark your answer on your answer sheet.
4. Mark your answer on your answer sheet.
5. Mark your answer on your answer sheet.
6. Mark your answer on your answer sheet.
7. Mark your answer on your answer sheet.
8. Mark your answer on your answer sheet.
9. Mark your answer on your answer sheet.
10. Mark your answer on your answer sheet.

1	Ⓐ Ⓑ ⊗	6	Ⓐ Ⓑ ⊗
2	Ⓐ Ⓑ ⊗	7	Ⓐ Ⓑ ⊗
3	Ⓐ Ⓑ ⊗	8	Ⓐ Ⓑ ⊗
4	Ⓐ Ⓑ ⊗	9	Ⓐ Ⓑ ⊗
5	Ⓐ Ⓑ ⊗	10	Ⓐ Ⓑ ⊗

達成度の計算

(1) Test 1 と Test 2 の正答数を足して、合計正答数を算出します。

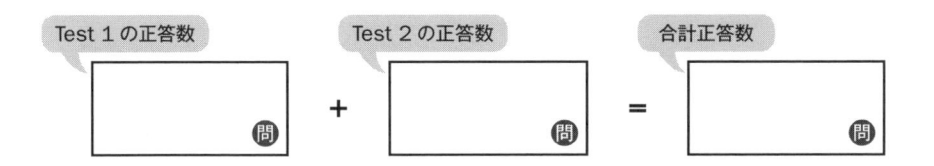

Test 1 の正答数 [ ] 問 ＋ Test 2 の正答数 [ ] 問 ＝ 合計正答数 [ ] 問

(2) 下記の表から、診断テスト 8 の得点を求めてください。

太枠 900 点圏内

正答数	得点
18 問以上	**5 点**
16 問〜 17 問	**4 点**
15 問	**3 点**
14 問	**2 点**
12 問〜 13 問	**1 点**
11 問以下	**0 点**

診断テスト 8 の得点 [ ] 点

(3) 診断テスト 7 と 8 の得点を合計し、条件 5 の総合得点を計算します。p.318 のスコアシートに書き写しましょう。

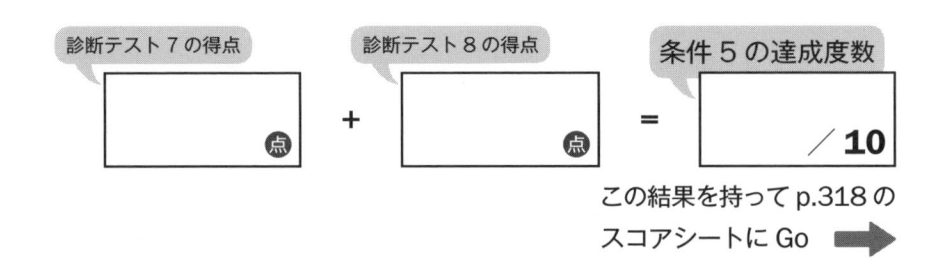

診断テスト 7 の得点 [ ] 点 ＋ 診断テスト 8 の得点 [ ] 点 ＝ 条件 5 の達成度数 [ ] / **10**

この結果を持って p.318 の
スコアシートに Go ➡

Answers - Test 1

1. 正解 ×   US

(A) A man is pulling a cart up an escalator.   男性がカートを引いてエスカレーターを上っている。
(B) A man is taking a shopping cart down a ramp.   男性がショッピングカートを持ってスロープを降りている。
(C) A man is walking up the steps of an escalator.   男性がエスカレーターの段を歩いて上っている。

(C) は、エスカレーターの段を上がっていることになり不自然。walking up an escalator なら正答になりうる。

2. 正解 (B)   UK

(A) A car and a horse-drawn carriage are crossing a bridge.   車と馬車が橋を渡っている。
(B) A small car is following a horse-drawn carriage.   小型車が馬車の後ろについている。
(C) Some people are getting on the horse-drawn carriage.   何人かの人が馬車に乗ろうとしている。

車と馬車は橋を渡っているわけではないので、(A) は外れる。(C) は現在進行形なので人々が乗ろうとしている最中ということになり不適切。

3. 正解 (B)   CA

(A) People are loading their baggage on a bus.   人々がバスに荷物を載せている。
(B) A man in a tie is on the steps of the bus.   ネクタイをした男性がバスの階段にいる。
(C) A woman is checking her suitcase.   女性がスーツケースを確認している。

(A) は今荷物を載せようとしている最中ということになり選べない。

CD Track **31-33**

4. 正解 (A)　　　　　　　　　　　　　　　　　　　　　　　　　AU

(A) The bananas are hanging from hooks at a supermarket.　スーパーで、バナナがフックからぶら下がっている。
(B) Lots of bananas are lying on shelves.　たくさんのバナナが棚の上に置かれている。
(C) Shop clerks are arranging some bananas.　店員がバナナを並べている。

バナナはフックからぶら下がっているので (A) が正解。(C) は現在進行形だから、いま店員が並べている最中ということになり不自然。

5. 正解 (C)　　　　　　　　　　　　　　　　　　　　　　　　　US

(A) A woman is looking at the ticket gates.　女性が改札口を見ている。
(B) A man is coming towards the woman wearing glasses.　男性がメガネをした女性に近づいている。
(C) The woman has her arms folded.　女性は腕組みしている。

(A) は女性が改札口を見ていないので不可。(B) も女性に近づいているようには見えない。女性は腕組みしているので (C) が正解。

6. 正解 ×　　　　　　　　　　　　　　　　　　　　　　　　　UK

(A) A man is taking dogs for a walk.　男性が犬を散歩させている。
(B) The boat is pulling away from the port.　船が港から離れている。
(C) There is a ship cruising under the sea.　海中を航行中の船がいる。

(A) は犬が複数で散歩させているのも女性だから選べない。(B) も港から離れつつあるわけではない。(C) は under the sea がおかしい。よって、正答なし。

7. 正解 (B)　　　　　　　　　　　　　　　　　　　　　　　　　CA

(A) A couple of cyclists are waiting for a train.　2 人のサイクリストが電車を待っている。
(B) A man is sitting in the shade of a tree.　男性が木の陰で座っている。
(C) The man in a cap is looking at the trains.　帽子をかぶった男性が電車を見ている。

自転車は 2 台見えるが、サイクリストは 2 人いないので (A) は不可。

CD Track **34-37**

8. 正解 ✕ AU

(A) Wood has fallen from the shelves.　木材が棚から落ちている。
(B) Some wood is being piled up in the container.　木が容器の中に積まれている最中である。
(C) Logs are lying on the floor near a stove.　丸太がストーブの近くの床の上に転がっている。

(B) に注意。現在進行形なので、積まれている最中ということになり不可。

9. 正解 ✕ US

(A) A man is looking at some fur coats on a rack.　男性が洋服掛けにある毛皮のコートを見ている。
(B) A man in sunglasses is holding the saddle of his bicycle.　サングラスをした男性が自転車のサドルを持っている。
(C) The bicycle is parked under an awning.　自転車が日よけの下に駐車されている。

男性は、毛皮のコートは見ていないので (A) は不可。(B) は、男性が持っているのはハンドルなので不可。(C) は、自転車が日よけの下で駐車されているわけではない。

10. 正解 (C) CA

(A) All the people are looking to their left.　全員が自分たちから見て左を向いている。
(B) The ice cream van is turning left.　アイスクリーム販売車が左に曲がっている。
(C) Some people are about to cross a road.　何人かの人が道路を渡ろうとしている。

1人は下を向いているので (A) は不可。(B) は左に曲がろうとしているという意味なので、写真と合わない。

Track **38-40**

Answers - Test 2

1. 正解 **(B)**   UK→CA

How often do you get to the gym these days?	最近どれくらいの頻度でジムに行っていますか。
(A) I usually go by bicycle.	たいていは自転車で行きます。
(B) Not as often as I'd like.	望んでいるほどではありません。

頻度を問われているので (A) は合わない。(B) は、自分がそうしたいと思うほど頻繁には行っていないという意味で、これが正解。

2. 正解 **(B)**   US→AU

Who's attending the meeting this afternoon?	誰が午後の会議に出るのですか。
(A) Mr. Jones is attending to the meeting schedule.	Mr. Jones が会議の予定を段取りしています。
(B) Actually, it's been postponed.	実は、延期されたのですよ。

attending につられて、(A) を選ばないように。attend to で「～を処理する、扱う」の意味。たとえそれを知らなくても、目的語は schedule なので、おかしいはず。

3. 正解 **×**   UK→US

Where did Mr. Williams say he went for his summer vacation?	Mr. Williams は夏休みどこに行ったと言っていましたか。
(A) He's going to France.	彼はフランスに行くつもりです。
(B) We were in the office when he told me.	彼が私に教えてくれたときには私たちはオフィスにいました。

(A) は時制が合わないので不自然。(B) は旅行の行き先を答えていない。

4. 正解 **(A)**   CA→AU

When are you intending to go back to work?	いつ仕事に復帰するつもりですか。
(A) As soon as I can find a day-care center.	託児所が見つかればすぐに。
(B) At the same department as before.	前と同じ部署です。

day-care center は「託児所」の意味。つまり、子供を預けるところを見つけたらすぐに戻るという意味なので、(A) が正解。

CD Track **41-44**

5. 正解 × AU→UK

How many containers can we process this week?
(A) We can process it in a week.
(B) Each container can hold 50 units.

今週はいくつのコンテナを処理できますか。
1週間でそれを処理できます。
それぞれのコンテナは50個入ります。

(B) はコンテナの数ではなく、1つのコンテナにいくつ入るかを答えているので不適切。

6. 正解 × CA→US

When is the new maintenance contract going to be signed?
(A) The maintenance crew usually starts their shift at 8.
(B) The computer maintenance is scheduled for Friday.

新しいメンテナンス契約はいつ署名されるのですか。
メンテナンス担当クルーはたいてい8時に勤務が始まります。
コンピューターメンテナンスは金曜日に予定されています。

(A)(B) ともに時を答えているが、設問の内容に合わないので両方とも不可。

7. 正解 (B) AU→US

Could we go over the presentation figures for tomorrow?
(A) Yes, we did a great presentation.
(B) Sure. When would be a good time for you?

明日のためにプレゼンテーション用の数値を一緒に見直してもらえますか。
はい。すばらしいプレゼンテーションをしました。
もちろんです。いつが都合がいいですか。

(A) はすでに終わったプレゼンテーションの話をしているので不自然。

CD Track **45-47**

8. 正解 ×　　　　　　　　　　　　　　　　　　　　　　　　　　　　CA→UK

It looks like you could use a hand preparing the financial report.
(A) No, it takes too long by hand.
(B) Sure. I'll help you with the report.

財務報告書の作成に手伝いが必要のようですね。
いいえ。手作業だと時間がかかりすぎます。
もちろん、報告書の手伝いをしてあげますよ。

(A) は hand の意味を取り違えている。設問の hand は「手伝い」のこと。(B) は手伝ってほしいといわれたときの応答なので不可。

9. 正解 ×　　　　　　　　　　　　　　　　　　　　　　　　　　　　US→AU

Why didn't our order arrive on Tuesday morning?
(A) It shouldn't have arrived on Monday.
(B) Well, it didn't arrive on Tuesday.

なぜ私たちの注文品は火曜日の朝に届かなかったのですか。
月曜日に到着すべきではなかったのです。
ええと、火曜日に届きませんでした。

(A) は shouldn't と should の聞き間違いに注意。should なら誤答とは言えなくなる。(B) は質問を繰り返しているだけなので不自然。

10. 正解 (A)　　　　　　　　　　　　　　　　　　　　　　　　　　　UK→CA

Jason's plane should be arriving at the airport at about 5 p.m.
(A) Not any more. His flight's been canceled.
(B) I've asked Mary to drop him there at 4 p.m.

Jason の飛行機は午後 5 時ぐらいに空港に到着するはずです。
それが変わりました。彼の飛行機は欠航となりました。
Mary に午後 4 時に彼をそこまで送るように頼みました。

Jason の飛行機について話しているので、(A) が正しい。(B) は空港に送るといっているので話が合わない。

CD Track **48-50**

900点の条件 6

全体の流れが取れており、内容を覚えていられる

●会話やパッセージ全体の流れが把握できて、内容を覚えていられるか

単語を聞き分ける能力が向上し、さらに聞きながらでも、文法や構文がもたらす意味を処理する力が上がると、英文を正確に理解できるようになるはずです。しかし、長文を聞いている最中は完璧に理解できていると思っていても、実際に問題を解いてみると肝心なことを覚えていないことや、後からどんな話だったのかと聞かれても、ほとんど答えられないことも起こります。「分かったと思った割には覚えていない」ことはありませんか。このことは、必ずしも「理解」→「内容を覚えている」となるわけではないことを示しています。そこで、理解するだけでなく、内容を覚えておくというスキルも必要なのです。

理解できたのに内容を覚えていない原因として次のようなことがあげられます。

●イメージや印象になっていない
単語の聞き取り、英文の分析に終始してしまうと、イメージや印象にならず心に残りにくいため、内容が抜けてしまいがちです。単なる言葉の羅列ではなく、動画にするような感じで聞いてください。

●起承転結など話の流れや、状況などに注意が向いていない
長文リスニングでは、それぞれの文の意味だけでなく、それらが集まって作り出している話の流れや状況をきちんと把握することも大切です。たとえば、最初に何が起こって、次に何が起こったのかや、何のためにこの電話がかけられているのか、会話で2人が何について話をしているのかなどがこれにあたります。また、話し手が誰かとか、どこで話されているかなど、直接の言及がないものでも、文脈から理解している必要があります。個々の文を理解することに集中するあまりに、それらをバラバラにしてしまうのではなく、全体として

何を言っているのかにも注意してください。

逆に言えば、内容を覚えるためには、話の流れや話されている状況などにも注意を向けつつ、聞き取った内容をイメージや印象に転化していけばよいということです。

内容が覚えられないのを記憶力が原因だと考える方もいますが、ためしに、日本語で同じ内容のものを聞いたときにどれくらい覚えられるかを考えてみてください。もし、日本語で同じ内容のものを聞いたときに、設問に答えられるくらい正確に覚えられるのであれば、記憶力には問題がないことになります。日本語であろうと、英語であろうと提示されている情報の量は同じだからです。そして、英文を本当の意味で深く理解できているなら、日本語を聞いたときと同じ程度には記憶に残っているはずなのです。

しかも、実際の試験では問題を先読みして解いているはずです。先読みしている場合は、その問題の答えの個所だけ覚えておけばよいのですから、負担はかなり少なくなります。それでも覚えられないのは、やはり聞き方に問題があるということでしょう。

ただし、データや日付、人数などあまりに細かい情報にとらわれると、かえって記憶に残らなくなりますので注意してください。

● Part 3 & 4 は設問を読んだだけで答えが分かるか

Part 1 と Part 2 では、最後の選択肢を聞くまでに答えが分かることが必要でした。Part 3（会話問題）と Part 4（長文リスニング）では、会話や長文を聞いた後、設問だけを読んだ時点で、選択肢を読まなくても答えが予想できることを目標に問題を聞いてください。

きちんと内容を覚えていれば、設問を読んだ瞬間に答えが予測できます。その予測に基づいて選択肢を読んで答えを決めればいいわけです。たとえば、次の例を見てください。

Part 3 の例

> A: You look tired. What's the matter?
> B: Nothing. I'm just sleepy. I had to finish my report last night, and I went to bed at 3 o'clock this morning.
> A: Was it the sales report the manager asked you to submit?
> B: Yes. I'm so glad I've finished it.

A: 疲れているみたいだね。どうしたの？
B: なんでもないよ。眠たいだけさ。昨夜レポートを書き終えないといけなくて、朝の3時に寝たんだ。
A: それって、部長が提出しろって君に頼んだ営業報告書？
B: そう。終わって本当にうれしいよ。

設問

Why is the man sleepy? → 設問を読んだら、選択肢を読む前に答えを想像しておく。内容を覚えているなら、この時点で答えられるはず。

選択肢

(A) Because he got up early.
(B) Because he stayed up late.
(C) Because he asked the manager about the report.
(D) Because he watched too much TV.

答えを予想したら、選択肢を読み、予想した答えと比較しながら、答えを考える

本当に内容が理解できていれば、設問を読んだ時点で答えが分かっていることでしょう。それが無理でも、(B) を読んだ瞬間にこれが答えだと分かるはずです。

また、問題を先読みしている場合は、何を問われているのかが分かっている状態で英文を聞くのですから、答えが含まれている英文が出てきたら、選択肢がなくてもその瞬間にそれが答えだと分かるはずです。たとえば、上記の例題であれば、"I went to bed at 3 o'clock in the morning." を聞いたときに、これが答えの可能性が高いことと思えるでしょう。

試験本番はこのようなやり方をする必要はありませんが、問題集などをやる場合は、選択肢の助けを借りずに解けるレベルを目指して練習してください。

> **Check!**
> 診断テスト 9 では、会話や長文を聞いて、どれくらい内容を覚えられるかを測ります。

診断テスト 9 — 内容を覚えていられるかを測る

診断テスト 9 では、英文を聞いて内容を覚えていられるかどうかを測ります。Part 3（会話問題）と Part 4（説明文問題）を選択肢なしで解いてください。1 つの会話または長文ごとに 3 問の設問があります。設問ごとに解答欄がありますので、設問に対する答えを日本語で書きます。設問と設問の間のポーズは 20 秒ですが、書くのが間に合わなければ CD を止めても構いません。

設問は先読みしても結構です。ただし問題の順番通りに答えの箇所が出てくるわけではありませんので注意してください。

採点は、厳密に解答例と同一でなくても、内容に即したものであれば正解にしてください。1 問 1 点ですが、完璧な正答とはいえないが間違いではないという場合は、自分の主観で結構ですので 0.1 点きざみで点をつけてください。

問題は Test 1 が会話問題、Test 2 が説明文問題となっており、それぞれ 12 問あります。目標は 20 点です。

この問題に練習はありません。

Test 1

CD Track **51-54**

1. What presentation was the woman chosen to give?

   解答

2. What would the woman like to ask the man to do?

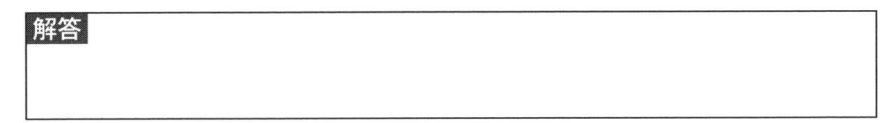

   解答

3. How does the woman feel other than pleased?

   解答

4. What are the man and woman going to do tonight?

   解答

5. Why can't the woman talk to the man the following day?

   解答

6. Where is this conversation most likely taking place?

   解答

CD Track 55-58

7. What are the speakers talking about?

   解答

8. How is the Head of Asian Operations getting to his hotel?

   解答

9. What is the man likely to do next?

   解答

10. What does the woman still have to arrange?

    解答

11. What does the man suggest that she do?

    解答

12. What is the woman likely to do in her free time?

    解答

Test 2

CD Track **59-62**

1. What is the purpose of the talk?

   解答

2. Why did Henri Lesanges not complete the gardens?

   解答

3. What will the visitors be able to see on the 2nd floor?

   解答

4. What is the purpose of this speech?

   解答

5. Why does the speaker apologize?

   解答

6. Why can't the assistant director take over?

   解答

7. What happened on Sunday?

   解答

8. Who is Kev Lowdry?

   解答

9. What does the speaker think about the investment?

   解答

---

10. What will today's lecture be about?

    解答

11. What is Dr. Tom Beardsley known for?

    解答

12. What is the purpose of this speech?

    解答

達成度の計算

1 Test 1 と Test 2 の得点を足して、合計得点を算出します。

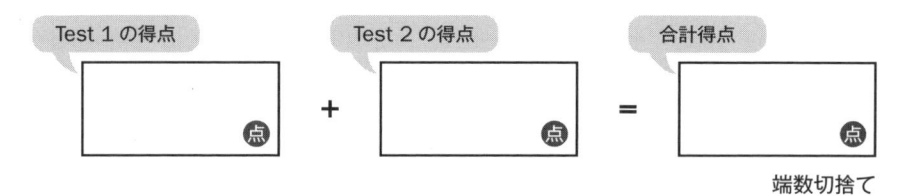

Test 1 の得点 ☐ 点 ＋ Test 2 の得点 ☐ 点 ＝ 合計得点 ☐ 点

端数切捨て

2 下記の表から、診断テスト 9 の得点を求めてください。この得点が、そのまま条件 6 のスコアとなります。p.318 のスコアシートに書き写しましょう。

太枠 900 点圏内

合計得点	得点	合計得点	得点
20 点以上	**10 点**	14 点	**4 点**
19 点	**9 点**	13 点	**3 点**
18 点	**8 点**	12 点	**2 点**
17 点	**7 点**	11 点	**1 点**
16 点	**6 点**	10 点以下	**0 点**
15 点	**5 点**		

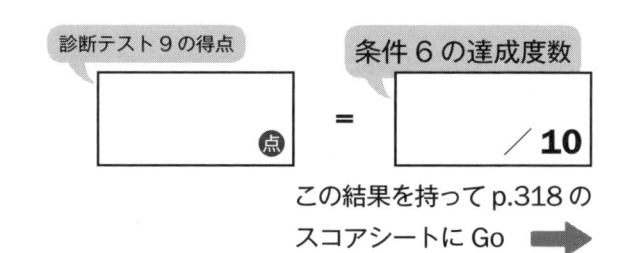

診断テスト 9 の得点 ☐ 点 ＝ 条件 6 の達成度数 ☐ / **10**

この結果を持って p.318 のスコアシートに Go ➡

Answers - Test 1

Questions 1 through 3 refer to the following conversation. M:US W:UK

> M Congratulations! I heard Mr. Hargreaves asked you to give the clients the presentation about the new shopping complex design.
> W Thank you! I'm really pleased, but this is my first major client presentation, so I'm a little nervous.
> M Don't worry about it! If you weren't ready to do it, Mr. Hargreaves wouldn't have chosen you.
> W I suppose you're right, but would you mind if I asked you for some advice about it?

> 男性　おめでとう。Mr. Hargreaves が君に新しいショッピング施設のデザインについてのプレゼンテーションを顧客にするように頼んだって聞いたよ。
> 女性　ありがとう。本当に喜んでいるのよ。でも、大掛かりなプレゼンテーションを顧客にするのはこれが初めてだから、ちょっと不安なの。
> 男性　心配しなくていいよ。もしまだできなさそうだったら、Mr. Hargreaves が君を選んではいなかっただろうからね。
> 女性　そうかもしれないけど、この件ですこしアドバイスをお願いしてもいいかしら。

1. 女性は何のプレゼンテーションをするために選ばれましたか。
   解答例 新しいショッピング施設のデザインについて。
   冒頭の男性のセリフで、about the new shopping complex design とある。

2. 女性は男性に何をしてもらいたいと望んでいますか。
   解答例 プレゼンテーションについてアドバイスをすること。
   最後のセリフの、would you mind if 〜で、男性にアドバイスを求めている。

3. 女性は喜んでいる以外に、どのように感じていますか。
   解答例 少し不安である。
   I'm a little nervous と答えているので、「少し不安である」または「緊張している」が正解。

CD Track **51-52**

Questions 4 through 6 refer to the following conversation. M:AU W:CA

M Hi there! How's that report about the changes to be made to the computer system coming?
W I've nearly finished everything I can do today, but I'll need to talk to you tomorrow about some of the functions that you requested. Then, I should finish it by the evening.
M Oh! I'm not here in the office tomorrow. How about we talk over dinner tonight, if you don't have any plans at home? The company cafeteria downstairs is still open.
W Oh thanks! That's great if you don't mind talking business this evening!

男性 やあ、コンピューターシステムへの変更についてのレポートはどうだい。
女性 今日できる分はほとんどすべて終わったわ。でも、あなたが希望した機能のいくつかについて明日あなたと相談しないといけないの。それで夜には終わるはず。
男性 ああ、僕は明日オフィスにいないんだよ。今晩、夕食をとりながら話すというのはどうかな。もし家で何も用事がなければだけど。下の階の社員食堂はまだ開いてるよ。
女性 まあ、ありがとう。もしあなたが今夜仕事の話をするのがいやでなければ、それがいいわ。

4. 男性と女性は今晩何をするつもりですか。
   解答例 夕食を一緒に食べながら仕事の話をする。
   夕食を食べながら話そうという男性の提案に対して、女性も賛同している。

5. なぜ女性は次の日に話をすることができないのですか。
   解答例 男性がオフィスにいないから。
   女性が明日男性と話す必要があると言っているのに対し、男性は I'm not in the office tomorrow. と答えている。

6. この会話はもっともどこで行なわれていそうですか。
   解答例 会社
   男性が、here in the office と言っていること、そして下の階の社員食堂がまだ開いていると言っていることから2人は会社にいると推測できる。

CD Track **53-54**

Questions 7 through 9 refer to the following conversation. M:US W:CA

> W Do you know when the Head of Asian Operations is due to arrive?
> M John told me that his flight was to arrive at 4:15 p.m., but there have been a lot of late arrivals recently, so I'm going to check the Internet to find out if anything has changed.
> W Good Idea! Are you going to meet him at the airport?
> M No. He's coming in on the same flight as Sandra, whose car is parked at the airport, so she's going to drive him to his hotel and we're meeting him for dinner later.

> 女性　アジア事業部の部長がいつ到着する予定か知ってる？
> 男性　彼の飛行機は午後 4 時 15 分に到着する予定だって John が言ってたけど、最近遅れることが多いから、インターネットをチェックして変更があったかどうか調べるつもりだよ。
> 女性　いい考えね。空港まで迎えに行くの？
> 男性　いや。彼は Sandra と同じ便で来るんだけど、Sandra の車が空港にとめてあるから、彼女がホテルまで送って、私たちは後で夕食で会う予定だよ。

7. 話者たちは何について話していますか。
   　解答例　アジア事業部の部長の到着について。
   全体的に、the Head of Asian Operations の到着について話している。

8. アジア事業部の部長はどのようにしてホテルに行きますか。
   　解答例　同じ便に搭乗している Sandra がホテルまで連れて行く。
   男性の最後のセリフで、She's going to drive him to his hotel. と言っている。この she は、同じ飛行機に乗っている Sandra のこと。

9. 男性は次に何をしそうですか。
   　解答例　インターネットで、飛行機の到着に変更がないか調べる。
   男性が、I'm going to check the Internet ～で、到着時間に変更がないかチェックすると言っている。

CD Track **55-56**

Questions 10 through 12 refer to the following conversation. M:AU W:UK

M Have you finished all the arrangements for your business trip next week?
W Nearly, but I haven't decided how to get from the airport to the hotel. It's quite a long way, I hear.
M You're staying over the weekend, aren't you? So you're going to have some free time. I suggest you rent a car at the airport and do some exploring in your free time.
W That's a great idea. I've heard the scenery in the area is fantastic, and there are several tourist places I'm interested in visiting.

男性　来週の出張の手配はすべてすんだかい？
女性　もうすこしよ。でも、空港からホテルまでどうやっていこうか決めてないの。かなり遠いらしいのよ。
男性　週末にかけて滞在するんだろう？それなら、自由な時間があるだろうから、空港でレンタカーを借りて、自由時間に見て回るといいよ。
女性　それはすばらしい考えね。その地域の景色はすばらしいって聞いたことがあるし、行ってみたい観光地がいくつかあるのよ。

10. 女性はまだ何を手配しなければなりませんか。
　　解答例　ホテルまでどのように行くか。
　　女性がまだ決めていないのは、ホテルまでの行き方。女性のセリフ、I haven't decided 〜に注意。

11. 男性は女性に何をするよう提案していますか。
　　解答例　空港でレンタカーを借りる。
　　男性が、I suggest you rent a car と言っている。

12. 女性は自由時間に何をしそうですか。
　　解答例　現地を車で回って景色を見たり観光地を訪問したりする。
　　車を借りて探索したほうがいいという男性の提案に賛成した後、景色がすばらしいと聞いていること、そして、訪問したい観光地があると答えている。

CD Track **57-58**

Answers - Test 2

Questions 1 through 3 refer to the following talk.　　　　**UK**

> Good Afternoon! I'd like to welcome you to Grandstone House. My name is Bridgit Webster, and I'm your guide for today's tour of this wonderful property. Let me start by giving you a brief outline of our tour today. We will start on the first floor where most of its famous works of art are housed. After that, we will continue to the second and third floors of the building. As these floors have remained almost unchanged since the time when Albert Furnival and his family lived here over 200 years ago, we hope that you will be able to get a flavor of what life must have been like for the family and their servants at the time. Finally, we will go outside to see the magnificent gardens. These were started by the famous French 19th Century landscape designer Henri Lesanges before being completed by his son William after his father's rather sudden death in 1878.

> こんにちは。Grandstone House にようこそ。私の名前は、Bridgit Webster です。そして私はこのすばらしい邸宅を案内する本日のツアーのガイドです。それでは、まず本日のツアーの概要を手短にお話いたします。まず1階からスタートします。そこには、有名な所蔵芸術作品のほとんどが置かれています。その後、建物の2階と3階に進みます。これらの階は、Albert Furnival とその家族が 200 年以上前に住んでいた頃からほとんど変わっていないため、当時の家族と召使たちにとって、生活がどのようなものだったのか感じ取れればと思います。最後に、外に出てすばらしい庭を見ます。これらの庭は著名な 19 世紀の造園デザイナー Henri Lesanges によって始められ、彼が 1878 年に急逝したあと、その息子である William によって完成されました。

1. この話の目的は何ですか。

   解答例 歴史的な邸宅を見学するツアーの概要を説明する。

   Let me start 以下で、giving you a brief outline of our tour と述べているので、ツアー前に概要を説明すると分かる。

2. なぜ Henri Lesanges は庭の作業を終えなかったのですか。

   解答例 完成前に急に亡くなったから。

   his father's rather sudden death とあり、his father がこの場合 Henri Lesanges を指すので、これが正解。

3. 来訪者たちは2階で何を見ることができますか。

   解答例 200 年前当時の生活の様子。

   2階と3階は当時とは変わっておらず、その様子をうかがい知れると述べている。

CD Track **59-60**

Questions 4 through 6 refer to the following speech. CA

> Let me apologize for asking you to come to this meeting on such short notice, but due to the circumstances, I felt it to be necessary. As you all know, our marketing director resigned unexpectedly due to a sudden serious illness. However, we are in a critical phase of planning a major marketing campaign for our new line of cosmetics and this has created a serious problem for us. Unfortunately, our assistant marketing director does not have the experience to take on this responsibility just yet, and we just don't have the time to recruit a new director. Therefore, I am suggesting that we employ a marketing consultant with experience in the field to take over the campaign. I know that we have always done our marketing work in-house up to now, but I feel that in this particular situation we have little choice but to follow this course of action.

> このような急なお知らせで、この会議に来ていただくようお願いしたことをお詫びいたします。しかし、事情が事情のためそれが必要だと感じました。みなさんご存じの通り、我々のマーケティング部の部長が突然の重病により急に辞職しました。しかしながら、我々は化粧品の新製品のために大規模な宣伝キャンペーンを計画する上で、重要な段階におりまして、このことは我々に深刻な問題となりました。残念ながら、マーケティング副部長はこの責任を負うほどの経験をいまだ有しておらず、また我々は新しい部長を採用する時間もありません。したがって、このキャンペーンを引き継ぐのに十分なこの分野の経験を持ったマーケティングコンサルタントを雇うことを提案いたします。これまでマーケティング業務は常に社内で行っていたということは承知しておりますが、この状況に限っては、このような手段をとるしかないと感じています。

4. このスピーチの目的は何ですか。
   解答例 出席者にコンサルタントを雇用する必要性を知らせること。
   マーケティング部長の後任を決めることが必要であるが、それには外部のコンサルタントを雇うしかないと述べている。

5. なぜ話者は謝罪しているのですか。
   解答例 急に会議に来るように出席者に要請したから。
   第 1 文の on such short notice は「このような急な通知で」の意味。

6. 副部長が業務を引き継ぐことができないのはなぜですか。
   解答例 この業務を行なうための経験が不足している。
   本文では、Unfortunately 以下で、経験不足を指摘している。

CD Track **61-62**

Questions 7 through 9 refer to the following radio broadcast. AU

> Hello listeners, and welcome to Arts Today with me, Kev Lowdry. The grand opening ceremony of the Lyrical Theater after its million pound development took place on Sunday, but it's tonight that it officially opens for business with Shakespeare's "A Midsummer Night's Dream." With a cast consisting of many of the most famous names of the stage, including Jane Gutheridge and Geoff Langley, the show is already sold out for the next three months and looks like becoming one of the most successful shows of the year. Furthermore, with the new theater's facilities, beautiful location and ready access, both this show in particular and the theater itself are certain to be a hit with the general public, fully justifying the investment that took place to rebuild it.

> リスナーの皆さん、こんにちは。そして、Arts Today へようこそ。私は Kev Lowdry です。100万ポンドをかけ建設した Lyrical Theater は、日曜日にグランドオープンの式典が行なわれました。しかし、シェークスピア作「真夏の夜の夢」で正式に開業するのが今晩なのです。Jane Gutheridge や Geoff Langley など、多数の最も有名な演劇俳優からなるキャストということもあり、公演はすでに3カ月先まで売り切れで、今年の最も成功した興行の1つとなりつつあるようです。さらに、新しい劇場の施設や、美しい場所、アクセスのしやすさもあり、特にこの劇と、そして劇場そのものが一般市民から大きな人気を得るのは間違いありません。そして、それは、この劇場の再建のために行なわれた投資が完全に正しかったということを意味するのです。

7. 日曜日に何が起こりましたか。
   解答例 劇場のグランドオープン。
   最初の方で、The grand opening ceremony 〜 took place on Sunday. と述べている。

8. Kev Lowdry とは誰ですか。
   解答例 ラジオ番組の司会者。
   Arts Today は番組名であるので、司会者だと分かる。

9. この劇場への高額な投資について話し手は何と言っていますか。
   解答例 投資は正しかった。
   最後に、justifying the investment と述べているので、投資は正しかったと言っている。

CD Track **63-64**

Questions 10 through 12 refer to the following speech.　　**US**

> Good evening ladies and gentlemen. I'd like to welcome you to the latest in our series of lectures about the environment. Our lecturer today has spent the best part of the past thirty years working in forest management and is recognized as one of the leading experts on sustainable forestry methods. Today, he is going to talk to us about his project, which was started by him over twenty years ago and is regarded by many people in the field as the way to ensure that forestry resources can be exploited while maintaining maximum biodiversity. I'm sure we can look forward to a very informative but also entertaining lecture to inspire all of us in our efforts to keep the Earth clean and beautiful. I give you Dr. Tom Beardsley.

みなさま、こんばんは。環境に関する講義シリーズの最新の講義にみなさまを歓迎いたします。本日の講演者はこの30年間のほとんどを、森林管理の研究に費やし、地球に優しい森林管理の方法に関する第一人者の専門家の1人として知られています。本日は、20年以上前に彼が始めた自身のプロジェクトについて話されます。それは、生物の多様性を最大限に維持しながら、森林資源を活用できる方法としてこの分野の多くの人に認識されています。講義がとても有益で、しかし同時に面白いものであり、この地球を汚染のない美しい状態で保つ努力をしようとする我々を鼓舞してくれることは間違いありません。それでは、Dr. Tom Beardsley です。

10. 今日の講義は何についてですか。
    解答例 20年以上前に講演者が始めたプロジェクト。
    本文中では、Today ~ で話す内容について述べられている。プロジェクトの内容を書いても正解。

11. Dr. Tom Beardsley は何で知られていますか
    解答例 枯渇しない森林資源利用についての専門家であること。
    leading experts on sustainable forestry methods の1人として紹介されている。recognize は「高く評価する」の意味。

12. このスピーチの目的は何ですか。
    解答例 講演者を紹介する。
    講演が始まる前に講演者を紹介するスピーチであるので、それが正解。

CD Track **65-66**

条件を満たすための学習法

ここで、900点を突破するために必要なリスニングの学習法と方針をまとめておきましょう。

➡ **苦手なアクセントをなくす**
　アメリカ・カナダ・イギリス・オーストラリアのアクセントの中で、苦手なものがあれば、そのアクセントの素材を用意して、苦手でなくなるまで徹底的に聞いて練習しましょう。

➡ **聞き取れる範囲を増やす**
　聞き取れない単語の数を減らすには、音の連結や脱落などでいわばぐちゃぐちゃになったものをそのまま受け入れられる幅を広げる必要があります。負荷の高い素材を聞いてください。ディクテーション、シャドウイング、センテンスリピート、センテンストランスレーションを行ないましょう。

➡ **文法・構文もイメージ化**
　文法・構文にも意味があるということを認識して、聞きながら積極的に処理しようとしてください。あくまでもイメージや印象にするということを忘れずに。

リスニング練習法

① ディクテーション

英文を聞いて、話されたとおりに書き取る練習です。聞き取ろうとすることも大切ですが、現時点で聞き取れない個所を何度も聞き返すことによって、単語同士がぐちゃぐちゃになった状態の音を丸ごと覚えることに時間を使ってください。そして、それがその複数の単語が同時に発音されたときの本当の音なのだと覚え直すのです。つまり、聞き取れそうな箇所を熱心に書き取るのではなく、現時点で何度聞いても聞き取れない箇所を反復して聞くことによって、音を覚えてしまうのが目的です。書き取ることに夢中にならないように注意しましょう。

② シャドウイング

いわゆる同時リピートです。スクリプトを読まずに英文を聞きながら、ほぼ同時にリピートしていきます。この練習は一音一音に集中して聞くためのものです。聞こえた単語を頭の中で文字にせず、耳と口を直結させるつもりで、瞬時に口に出すよう心がけてください。

③ センテンスリピート

何も見ずに英文を聞いて、リピートする練習です。数単語以上のセンテンスを覚えるためには、単語を聞こえた順に覚えるのではダメで、文の構造や文法に気をつけながら意味を理解し、その理解したことを英語で表現するために、使われた単語や構文を使って、自分で文を作りながらリピートすることが必要になります。逆に言えば、丸暗記して暗唱しても意味がありません。

また、リピートする際には、自分が何を間違えたのかを確認してください。時制や冠詞、前置詞など、文法項目を間違えないようにしましょう。

④ センテンストランスレーション

英文を聞いて日本語訳を口頭に出すのがセンテンストランスレーションです。英文を丸暗記して、聞き終わってから英文を訳すのでは意味がありません。あくまでも、聞きながら理解して、聞き終わった瞬間には完全なイメージや動画になっていて、それを説明するつもりで意味を口に出しましょう。

⑤ 長文の内容保持

長文リスニングの練習では、聞き取って理解するという練習だけでなく、内容を覚えておくという練習もしてください。たとえ理解できていても覚えていなければ、点数が取れないからです。

目安としては、たとえば1分の長さの長文を聞けば、30秒程度はよどみなく内容を言えることが必要でしょう。もし、1分もの長さの長文を聞いて、「誰が何をした」ぐらいしか言えなければ、内容を覚えているとは言えません。分かったつもりになっていても、理路整然と内容を言えないのであれば、話の流れをきちんととっていないということになります。そして、内容を覚えていなければ当然リスニングの問題にも答えられないのです。

コラム
リーディング力も問われる Part 3 と Part 4

Part 3 と Part 4 では、会話や長文を聞いて理解することの難しさに注目されがちですが、設問を読むということも大きなポイントになっています。

解答時間は数秒しかないため、解答用紙にマークする時間も考慮に入れると、設問を読んで理解するのに使える時間は本当に短いものとなります。しかも、たいていの人は、音声を聞く前に設問を先読みしたいはずです。

設問を読むのが遅いと、先読みをしないうちに会話や長文を聞くことになります。そうすると、どんな内容なのかをあらかじめ予想しておくこともできず、何を問われるのかも分からないため、聞いたものをすべて理解して覚えておかなければならないことになります。

このようなことにならないために、設問を速く正確に読むことができることも、リスニングパートでは重要なのです。

もし、設問と選択肢を読むのが遅いと思われる場合は、p.312 の練習法などを使って速読の練習をして、読む精度とスピードを上げましょう。せっかく聞き取れたのに設問を読み間違えて誤答するというのはもったいないですからね。

また、疑問文については、普通の肯定文や否定文とは構造が異なるために、読み慣れておく必要があります。しかし、疑問文だけまとめて読む機会はあまりありません。そこで、これまで使った教材でも構いませんから、Part 3 と Part 4 ならびに Part 7（長文読解）の設問だけを読んで、瞬時に意味をとる練習をするのもよいでしょう。

Grammar

Chapter 3 ● グラマー編

900 点問診票

Chapter 3 ● グラマー編

次のそれぞれの項目について、0（まったく当てはまらない）～ 4（とても当てはまる）の 5 段階で点数をつけてください。結果は p.316 で集計します。

| Q1 | 文法書を読むと、よく分かっていないとか、苦手だと思う項目がまだある。 | /4 |

| Q2 | 知識としてはそれなりに頭にあり、それほど文法が苦手だという意識はないが、その割には問題を解くと間違える。 | /4 |

| Q3 | 実際に英文を書くと、自分では簡単だと思っている初級～中級レベルの文法項目を間違える。 | /4 |

| Q4 | 文法を習得するとき、英文を書いたり、話したりするなど、「使って覚える」ということが少なく、使っているところをイメージすることもない。 | /4 |

| Q5 | 3 人称単数形の -s など、自分が「簡単な項目だ」と思っているようなことを問う問題でも、ついついケアレスミスをしてしまう。 | /4 |

| Q6 | 高度な文法知識の習得に気持ちが向いており、簡単な項目を完璧にするということは、あまり重要視していないし、特に取り組んでもいない。 | /4 |

| Q7 | 穴埋め問題で、何についての問題なのかや、何に気をつければよいのかよく分からない。 | /4 |

Q8	穴埋め問題で、選択肢なしでは空所に適切な語を入れることが難しい。または、選択肢を見なくても、設問を読んだだけで答えが予想できることがあまりない。	/4
Q9	スコアレポートの「文法が理解できる」の項目が、90%に到達しないことがある。	/4
Q10	Part 5とPart 6にかかる合計の時間が、どんなに速くやっても、23分を切らない。 ★ Part 5を1問25秒、Part 6を1問30秒で解くと、所要時間は22分40秒。	/4
Q11	いくら時間をかけて考えても解けない、または誤答してしまう文法問題がけっこうある。	/4
Q12	実際のTOEICの文法問題では、確信を持って答えを選べないことや、答えを迷ってカンで書くこと、または、消去法で答えを決めることがよくある。	/4
Q13	たとえ正解しても、なんとなく選んだものが多く、正答選択肢がなぜ正答であり、誤答選択肢がなぜ誤答なのか、その理由を明確に説明できないことがよくある。	/4
Q14	文法項目は無味乾燥な、いわば公式のように考えており、それ自体にイメージや印象がわかない。	/4
Q15	英文を読んでいるときや聞いているときに、文法を正確に処理して、それを文の意味に加えられていない。また、それが重要だという認識も薄い。	/4

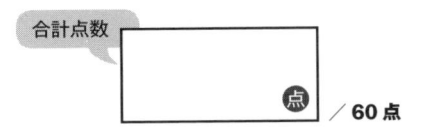

合計点数　　　／60点

900点の条件 7

苦手な文法項目はなく、どの項目も正確に使える

● **自由に使えるレベルにあるか**

語彙問題など、一部の問題を除き、Part 5（短文穴埋め問題）と Part 6（長文穴埋め問題）では、純粋に意味だけ考えれば正答できるという問題は少なく、たいていは、使い方や形もわかっていなければ解けません。そのため、全ての文法項目について、使い方や形、注意点を瞬時に思い出せること、そして、それにしたがって正確に使えるようにしておくことが必要です。

たとえば、「未来完了形は、未来のある時点における完了・経験・継続」などと覚えていても、選択肢の中で、どれがそれに相当するのか、その形が瞬時に認識できないと、解けませんし、each が「それぞれの」の意味だと知っていても、「後ろに単数形を取るのだった」とその場で思い出せなければ、単に意味だけで選択肢を選び、誤答してしまうかもしれません。

次の例を見てください。

By the time Mr. Smith comes back from his business trip, his car _____ and be ready for pick-up.

(A) will have repaired
(B) will be repairing
(C) will have been repaired
(D) will have been repairing

設問を読んで、「修理されてしまっているだろう」という意味が必要だと分かっても、どれがそれに当たるのかが瞬時に分からないと意味がない。

ここでは、「修理されてしまっているだろう」という意味が必要ですから、受動態の未来完了形を選ぶことになります。問題は、選択肢の中でどれがそれに相当するのかを瞬時に認識できるかどうかです。

Part 5 では、1 問につき 25 秒程度しかかけられません。しかも、この 25 秒全てを考える時間に使えるのではなく、設問を読んで理解するだけで 10 秒前後はかかるはずですから、実際は、選択肢を読むことに使う時間は極めて限られます。そのため、1 つ 1 つの選択肢をじっくり見ながら、「have があって、これが be 動詞で……」などと、悠長に検討している暇はありません。選択肢を見た瞬間に、形と意味を認識できる必要があるのです。

また、次の例を見てください

> A special bonus will be given to ＿＿＿＿ employee.
> (A) entire
> (B) all
> (C) whole
> (D) each
>
> 意味的にはどれも入りそうに見えるので、意味が分かっても仕方がない。それぞれの単語について、瞬時に「どうやって使うのか」、「何に注意しなければならないのか」を思い出せなければならない。

この問題では、いずれの選択肢でも意味的に当てはまりそうに見えますから、意味を考えても仕方がありません。選択肢のそれぞれについて、どう使うべきなのか、注意点が何なのかを思いつく必要があります。たとえば、all は後に可算名詞がくるなら複数形を取るとか、each の後には単数形がくるといったことです。そして、そのうえで、文法的にどれが正答なのかを考えなければなりません。問題は、それぞれの選択肢の単語を見た瞬間に、意味だけでなく使い方まで連動して思い出せるかどうかです。

たとえば、ここで each を「それぞれの〜」という意味で、スピーキングで使うつもりで口に出してみてください。"each" と口に出した瞬間に、「次に単数形の名詞を言わなきゃ」という「気持ち」になっていますか？

多くの問題では、選択肢には類似の形や意味的に似ているもの、設問文の意味と関わりがあるなど、何らかの共通点や関連性を持ったものが出題されています。その中から、極めて短い時間のなかで、他の選択肢に惑わされず正しいものを選ぶためには、文法項目の意味が言えるとか、「現在完了形は have ＋過去分詞」といったように、文法の形を日本語で暗唱できるというような、単なる知識の状態では足りず、「自分ならこの形にする」「自分ならこう使う」と、瞬時に自発的に浮かぶ必要があるのです。

それゆえに、文法項目の習得度は、自分で正しい英文を作ることができるかどうかで判断してください。

「使えるようにする」というと、スピーキングやライティングに必要なことであって、穴埋めには必要ないと感じる人もいるかもしれません。しかし、実際は、穴埋め問題というのは、英作文と同じで正しい文を作る作業であり、すでに空所以外の部分を作ってしまっていて、残りをどう書くかを選択肢の中から決めるだけです。したがって、どの項目も、自由に使うことができるぐらいにしておかないと、素早く正確に、そしてミスなく解くことができないのです。普段から英作文をするなどして、使えるように訓練しておきましょう。

●苦手な項目がないか

900点を目指すにあたって重要なのが、苦手な項目をなくすということです。900点を取るためには、単純に考えても9割程度は正答させなければならないのですから、基本的にどの問題も間違ってはいけないという前提で解く必要があります。

文法書を一通り読んで、苦手な項目、自信がない項目、あやふやな項目がないか確認しましょう。もし少しでも怪しい箇所があれば、片っ端からチェックを入れ、重点的に練習してください。「何を出されても余裕で大丈夫」というレベルを目指しましょう。

また、時間をかけても解けない問題、消去法で選んだ問題には要注意です。特に

消去法で選んだ答えが正答だった場合、問題には正答しているということで「理解できている」と考えがちです。しかし、たとえ正答しても、他の問題よりも理解度が低いという認識を持ち、次回からは自信を持って答えられるようにしておいてください。

模試などを行なうときには、「これしか正答はあり得ない」と思って正解した問題以外は、正解したとは見なさないというぐらいの意気込みが必要です。自分のレベルが上がるにつれて、合格のハードルも上げることを忘れないようにしてください。合格の基準が低いままだと、できた気になっている項目が増えるだけで、中級から上級を目指すときに伸び悩む原因になります。できたつもりになっている項目は、自分で改善しようとは思わないので、中途半端にしかできないのに放置してしまうからです。「全体的には文法知識は十分あるはずなのに、今ひとつ文法のスコアがよくない」という方は要注意です。

> **Check!**
>
> 診断テスト 10 では、Part 5 形式の問題を解いて、どのような項目を間違えるのかを確認します。

診断テスト 10 ── さまざまな文法を確認する

診断テスト 10 では、苦手な文法項目がないかどうか、そして、深く理解できているかどうかを測ります。さまざまな文法項目を問う穴埋め問題を出題しますので、これを制限時間内に解いてください。

問題形式と制限時間は次の通りです。

> **Test 1**：短文穴埋め問題（40問）制限時間 16分 40秒
> **Test 2**：長文穴埋め問題（12問）制限時間 6分

制限時間は、Test 1 の問題を 1 問平均 25 秒、Test 2 の問題を 1 問平均 30 秒で解く計算に基づいています。

ここでは、どれくらい幅広く理解しているかを問うために、中級レベルのものに加えて、あえて難しい項目を問う問題も入れています。

また、このテストは本当に理解できているかどうかを測るものですから、消去法で選んだりカンで書いたりしないでください。あくまでも、これが正解だと思えるもののみにマークしてください。このため、正答は 1 問につき 1 点ですが、誤答は 1 点減点となります。自信のないものは解答しないでください。

> 例 Test 1（40問）
> 36 問正解。4 問は自信がないので解答せず → 得点 36 点
> 36 問正解。4 問は自信がなかったがカンで解答してすべて誤答。4 点減点。
>   → 得点 32 点。

目標は Test 1 と Test 2 合計で 45 点です。

Test 1

制限時間 16 分 40 秒

誤答は 1 点減点です。自信がない問題はマークしないでください。

1. The workload over the past few months has _____ Mr. Howard exhausted.
   (A) tired (B) left (C) worked (D) become

2. By the time you arrive next week, Bryan _____ the first draft of the annual financial report.
   (A) will have been finished   (B) will be finished
   (C) will finish   (D) will have finished

3. Functionality is the main reason _____ Ms. Taylor points to in her presentation as to why they should choose her company's products.
   (A) why (B) which (C) what (D) for which

4. The project must _____ yesterday because no one is in the office today.
   (A) be completed   (B) complete
   (C) have been completed   (D) have completed

5. Mr. Scott _____ one of his staff to apply for the management job at the head office.
   (A) suggested (B) persuaded (C) considered (D) occurred

6. The _____ about the new product line that you requested have been put on your desk.
   (A) information (B) details (C) report (D) analysis

7. _____ working on the sales project, Ms. Butler noticed a number of time management problems.
   (A) During (B) For (C) Until (D) While

8. Sarah went to open an account at the bank _____ by a good friend of hers.
(A) recommending (B) recommend
(C) recommended (D) recommends

9. Ms. Sato arrived early to set up the room _____ her presentation was to take place.
(A) in where (B) in which (C) which (D) that

10. Mr. Richardson's manager recommended that he _____ transferred to the research department.
(A) be (B) is to (C) was (D) had

11. The task was carried out _____ a new tool that lowered the risk to the operator.
(A) to (B) by (C) of (D) with

12. _____ be the slightest doubt about the quality of the material, inform your supervisor immediately.
(A) There were to (B) Had there
(C) Should there (D) There should

13. _____ a poor turnout, the organizers of the exhibition were surprised by the number of visitors.
(A) To expect (B) Expecting
(C) Expected (D) Having been expected

14. The investigators are planning to interview the _____ for machine maintenance.
(A) responsible worker (B) worker responsible
(C) worker in charge (D) worker charged

15. If Ms. Felton _____ at 6 a.m., she would not have been able to finish the report in time for the meeting at 9 a.m.
   (A) had not arrived   (B) does not arrive
   (C) would not arrive   (D) would not have arrived

16. Mr. Kelly did not think _____ his colleague for help with his presentation and struggled on by himself.
   (A) of ask   (B) to ask   (C) for asking   (D) he ask

17. Unfortunately, the _____ person we need to sign the contract is away on holiday until next week.
   (A) quite   (B) most   (C) every   (D) very

18. _____ the negotiations were, an agreement that would be highly beneficial to both sides was reached.
   (A) Difficultly   (B) The more difficult   (C) Difficult as   (D) Difficulty

19. _____ the report, Mr. Nguyen hurriedly went to the director's office and gave it to her secretary.
   (A) To complete   (B) After completed
   (C) On completing   (D) For completion of

20. In order to keep fit, Jonathan goes to work _____ every day.
   (A) by his bicycle   (B) on his bicycle
   (C) on bicycle   (D) with bicycle

21. We _____ a list of requirements, which you should receive tomorrow, at a meeting yesterday.
   (A) have compiled   (B) compiled
   (C) will compile   (D) are compiling

22. The architect in charge of the new state housing complexes _____ in Northern Europe this week.
   (A) are   (B) were   (C) is   (D) are built

23. Mr. Tanaka _____ the other members of the project team the results of his research.
   (A) demonstrated   (B) advised   (C) explained   (D) showed

24. The discussions came to a standstill over the issue of where _____ the new research institute.
   (A) to be located   (B) to locate
   (C) it locates   (D) to have located

25. A large number of those attending the conference _____ unimpressed by the last presentation.
   (A) observed   (B) seemed   (C) listened   (D) reacted

26. It is essential _____ all people working on the project to keep its details secret.
   (A) to   (B) with   (C) of   (D) for

27. _____ the report, Mr. Brown gave it to a colleague to check through.
   (A) Being completed   (B) Completed
   (C) To be completed   (D) Having completed

28. Your application for a loan _____ at the moment, and we will get in touch with you next week.
   (A) is processed   (B) has processed
   (C) will be processing   (D) is being processed

29. The research by Mr. Perry's medical team is reaching a stage _____ clinical trials would normally be set up.
   (A) that   (B) which   (C) to which   (D) where

30. The removal firm had transported all the _____ to the new office, and the staff were busy unpacking it.
   (A) chair   (B) tables   (C) packages   (D) furniture

31. The new portable music player by Hasimo Devices is generally regarded as _____ to carry around than its previous model, and is selling quite well.
   (A) easy   (B) easier   (C) easiest   (D) easy as

32. Under _____ circumstances will Boulevard Parking be liable for any damage incurred by your car while parked on the premises.
   (A) all   (B) some   (C) any   (D) no

33. The sales manager _____ both Mr. Hill and Ms. Russell take a three-week vacation because business was rather slow at the time.
   (A) advised   (B) permitted   (C) let   (D) allowed

34. The research into improved care of patients _____ is to be published next month is widely awaited.
   (A) who   (B) where   (C) which   (D) whom

35. Ms. Wilson was _____ excited after receiving the results of her examinations to go to sleep.
   (A) very   (B) extremely   (C) too   (D) so

36. The meeting was scheduled _____ 2 o'clock because they needed to finish by 4 p.m.
   (A) at   (B) for   (C) on   (D) until

37. There is a _____ number of new recruits to the police force than there has been in 20 years.
   (A) increased   (B) greater   (C) large   (D) sizable

38. Jonathan stayed at the factory until late that night to see the machine _____.
   (A) install   (B) installing   (C) installed   (D) installs

39. Many of the people present at the lecture were surprised _____ the professor had to say.
   (A) at what   (B) that   (C) which   (D) by which

40. One of the missing _____ to the storage room was recovered, but the locks had to be changed because one was still missing.
   (A) door keys   (B) room key   (C) key card   (D) spare key

Test 2

制限時間6分

誤答は1点減点です。自信がない問題はマークしないでください。

Questions 1 - 3 refer to the following article.

The Great Outdoors

Recently, despite the emphasis on convenience in modern life, increasing numbers of people are deciding that when they go on holiday they prefer something a little rougher. So for all of you who would like to challenge _____, a large number of travel companies

1. (A) yourself (B) yourselves
   (C) himself (D) themselves

are arranging tours to areas of outstanding natural beauty where you can experience life closer to nature. The areas visited include jungles, mountain ranges, deserts and tundra. The accommodation for most tours consists of tents or cabins; some even state that _____ tour

2. (A) all (B) whole
   (C) the entire (D) most

consists of sleeping out under the stars.

The tour guides are experts in their field with knowledge of the local area and extensive experience outdoors. For those worried about safety, John Declerc, director of Peak Outdoor Tours _____ all his

3. (A) assure
   (B) assuring
   (C) is assured
   (D) assures

customers that safety is a high priority with helicopter evacuation to a modern medical establishment available at all times.

Questions 4 - 6 refer to the following advertisement.

Grand Heights
Apartments for young professionals

The construction of Grand Heights, a new apartment complex, was started earlier this month. Few other locations could serve the financial and legal center of the city as _____, as it is just a five

    4. (A) good   (B) perfect
        (C) ideally (D) impressive

minute train ride away.
The contractors are _____ to completing the complex by the end of

    5. (A) committed (B) due
       (C) expected   (D) required

next year and sales of the apartments are due to commence next week. The apartments not only boast the latest amenities, they will also command great views of the city along with access to communal facilities including a swimming pool, a health spa and a gymnasium.

The apartments are _____ aimed at young gifted professional

    6. (A) extent   (B) extensively
       (C) extents (D) extensive

people who are working in the city, and they are suitable for both singles and young married couples.

For further details, please contact Jeff Granger at 020 1234 6784.

Questions 7 - 9 refer to the following e-mail.

From: Jeff Bridges
To: John Flanders

John:
I'm sorry for not replying sooner, but I had to gather some information about the problem at the new warehouse before I could get back to you.

I discovered that the warehouse, _____ I had originally designed to
      7. (A) where (B) who
         (C) which (D) in which
include a state-of-the-art power backup system, was not actually completed according to my specifications. The manager who took over the project after my promotion decided that, _____ the
      8. (A) because (B) given
         (C) as   (D) since
company's financial situation, the power backup system would be added on later when finances allowed. Unfortunately, due to this decision, when the blackout occurred two weeks ago, the refrigeration system failed. As a result, much _____ from the warehouse cannot
      9. (A) of food (B) of the stock
         (C) items (D) product
be sold, creating problems with our customers.

At present, I am working with finance department to try and get the funds required to upgrade the warehouse so that this won't happen again.

I'll call you later today.
Jeff

Questions 10 - 12 refer to the following letter.

Mr. Crichton Jones
34 Hills Vale Close
Yatsley YT45 KL9
23rd July 2012
Dear Mr. Jones,

Thank you for your inquiry about the new Foxy hatchback car. With reference to your questions concerning the car, I am happy to assure you that the new car's chassis is half _____ of the previous model.

    10. (A) as heavy   (B) lighter
        (C) the weight (D) as much weight

Furthermore, this means that, in terms of fuel consumption, the new car is more _____ than its predecessor. As for your question as to

    11. (A) efficient   (B) better
        (C) cheaper   (D) good

delivery of your vehicle, this will take place within one week of your order, _____ financing has been confirmed by the deadline specified

    12. (A) until   (B) and
        (C) provided (D) unless

in the contract.

If you have any further questions please do not hesitate to contact me.

Greg Hanson
Sales Manager

達成度の計算

1 次ページからの解答を見て採点してください。正答は1問1点、誤答にマークしたものは0点ではなく1点減点となります。採点できたら、Test 1 と Test 2 の正答数を足して、合計正答数を算出します。

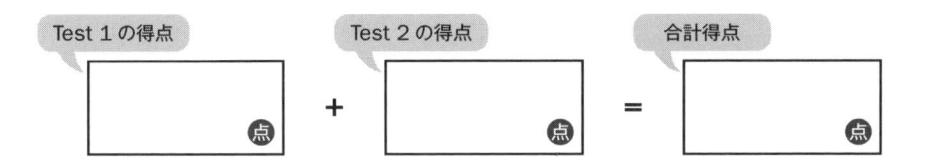

Test 1 の得点 [　　　点] ＋ Test 2 の得点 [　　　点] ＝ 合計得点 [　　　点]

2 下記の表から、診断テスト 10 の得点を求めてください。この得点が、そのまま条件 7 のスコアとなります。p.318 のスコアシートに書き写しましょう。

太枠 900 点圏内

合計	得点	合計	得点
45 点以上	**10 点**	37 点～ 38 点	**4 点**
43 点～ 44 点	**9 点**	35 点～ 36 点	**3 点**
42 点	**8 点**	33 点～ 34 点	**2 点**
41 点	**7 点**	31 点～ 32 点	**1 点**
40 点	**6 点**	30 点以下	**0 点**
39 点	**5 点**		

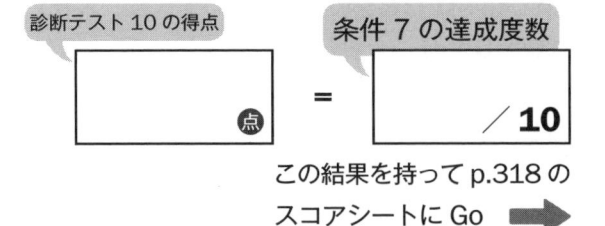

診断テスト 10 の得点 [　　　点] ＝ 条件 7 の達成度数 [　　／ 10]

この結果を持って p.318 の
スコアシートに Go ➡

Answers - Test 1

1. 正解 (B)　Testing Point: 文型
「ここ数カ月にわたる仕事量が Mr. Howard をへとへとにさせた。」
Mr. Howard の後に exhausted という形容詞があることに注意。S+V+O+C の文型をとるものが必要だから、(B) が正解。

2. 正解 (D)　Testing Point: 時制
「あなたが来週到着する頃には、Bryan は年次財務報告書の初稿を書き終えてしまっているでしょう。」
到着したときにはすでに完了してしまっているという意味になるはずなので、未来完了形が必要。よって、(D) が正解。(A) は受動態だから不可。

3. 正解 (B)　Testing Point: 関係詞
「プレゼンテーションにおいて Ms. Taylor は、彼女の社の製品を選ぶべき主な理由として機能性をあげている。」
先行詞は reason だが、ここでは point to「指摘する、挙げる」の目的語の位置に入る関係になっているので、why ではなく which が必要。

4. 正解 (C)　Testing Point: 受動態と、助動詞＋have＋過去分詞
「今日は誰もオフィスにいないので、プロジェクトは昨日終わったに違いない。」
時制は過去であり、project と complete の関係が受身である。この２つの条件を満たしているものは選択肢では (C) である。must have ＋過去分詞で「～したに違いない」の意味。

5. 正解 (B)　Testing Point: S+V+O+to do
「Mr. Scott は自分のスタッフの１人に、本社での管理職の仕事に申し込むように説得した。」
後ろに to apply が来ていることに注意。スタッフの１人に申し込むように～するという意味で、S+V+O+to do の形になるものが必要。よって、(B) が正解。persuade + O + to do で「O に～するよう説得する」の意味。

6. 正解 (B)　Testing Point: 可算名詞の複数形
「あなたが頼んでいた新しい製品ラインアップについての詳細はあなたの机の上に置いてあります。」
述語動詞が have been put であるから、名詞の複数形が必要。よって、(B) が正解。

7. 正解 (D)　Testing Point: while と during の区別
「販売プロジェクトに携わっている間に、Ms. Butler は多数の時間管理上の問題に気がついた。」
during は前置詞だが、目的語に -ing 形を取らないことになっている。while は接続詞だが、後ろに -ing 形が来る。ただしそれは S ＋ be 動詞が省略されたものと考える。

8. 正解 (C)　Testing Point: 形容詞の働きをする分詞
「Sarah は、仲のよい友人の 1 人に勧められた銀行で口座を開きに行った。」
空所の語は by 以下とセットになって、どのような銀行かを説明するはず。また、bank と recommend の関係は受動態なので過去分詞が必要。よって、(C) が正解。

9. 正解 (B)　Testing Point: 前置詞＋関係詞
「Ms. Sato は自分のプレゼンテーションが行われる部屋を準備するために早く到着した。」
先行詞が the room であり、in the room として take place の後に入る関係になっているので、in which が正解。

10. 正解 (A)　Testing Point: that 節に原形をとる動詞
「Mr. Richardson の部長は、彼が研究部に異動になるよう推薦した。」
動詞が recommend であることに注意。recommend や demand のような、要請や義務などにかかわる動詞は、that 節を取ると that 節の動詞が原形または should ＋原形となる。よって、(A) が正解。

11. 正解 (D)　Testing Point:「〜を使って」を表す with

「その作業は、操作者への危険を少なくする新しい道具を使って行われた。」

「〜を使って」の意味で道具が入る場合は、with を使う。by も手段を表すが、動名詞など主に動作を表す語が入り、「〜することによって」の意味で使われる。

open the door with a key

open the door by breaking the lock

12. 正解 (C)　Testing Point: if の省略による倒置

「万が一、原材料の質に少しでも疑念がある場合は、すぐに監督者に知らせてください。」

(A)(D) を入れると、接続詞が文中になくなる上、意味的にもつながらないので不可。(B) と (C) は仮定法の if の省略による倒置と考えられるが、(B) は be 動詞が been ではなく be なので合わない。この should は「万が一」の意味。

13. 正解 (B)　Testing Point: 分詞構文

「少ない人出を見込んでいたので、その展覧会の主催者たちは来場者の数に驚いた。」

(A) は「期待するために」という意味になり不自然。(B)(C)(D) はともに分詞構文と考えられるが、the organizers と expect の関係は受動態ではないので、(C)(D) は不可。よって、(B) が正解。

14. 正解 (B)　Testing Point: 形容詞の位置

「調査官たちは機械のメンテナンスを担当している従業員に話を聞く予定である。」

形容詞は 2 語以上で 1 つのかたまりを作っている場合は、まとめて名詞の後ろに置かれる。ここでは、responsible は for 以下とセットになって worker を説明しているはずなので、(B) が正解。また、responsible は単体でも意味によって語順が異なり、通例、responsible person だと「責任感のある人、ちゃんと責任を果たせる人」、person responsible だと「責任を負う人、担当者」の意味なので、どちらにしても (B) が正解。

15. 正解 (A)　Testing Point: 仮定法
「もし Ms. Felton が午前 6 時に着いていなければ、彼女は 9 時の会議に間に合うようにレポートを書き終えることができていなかったであろう。」
主節が would have ＋ 過去分詞であることと、文全体の意味から考えて仮定法が必要。そして、if 節は過去の話だから (A) が正解。

16. 正解 (B)　Testing Point: to 不定詞
「**Mr. Kelly** は自分のプレゼンテーションを手伝うように同僚に頼むことを思いつかず、**1 人で苦闘し続けた。**」
think は不定詞を目的語に取り、「〜することを思いつく」という使い方がある。

17. 正解 (D)　Testing Point: very の使い方
「残念ながら、その契約書に署名してもらう必要のあるまさにその人が来週まで休暇でいません。」
very は「非常に」のほかに、「まさにその、ちょうどその」という形容詞の使い方がある。(C) every は通例冠詞とは一緒に使わない。

18. 正解 (C)　Testing Point: 形容詞 / 副詞 +as+S+V
「交渉は難航したが、両者にとってかなり有益であろう合意がなされた。」
形容詞 / 副詞＋ as ＋ S ＋ V で、「〜だけれども」の意味がある。よって、(C) が正解。

19. 正解 (C)　Testing Point: on ＋ -ing 形
「**Mr. Nguyen** はレポートを書き終えるとすぐに、取締役のオフィスに急いで行き、秘書にそれを渡した。」
on doing で「〜するとすぐに、〜したとき」の意味。(A) は文法的には入るが、意味が不自然。

20. 正解 (B)　Testing Point: by 以外の交通手段
「健康を維持するため、**Jonathan** は毎日自分の自転車で仕事に行く。」
by ＋交通手段は冠詞などをつけずに使うので、(A) は不可。冠詞など限定する語をつける場合は、交通手段に合わせて前置詞を選ぶ。自転車は on を使うので (B) が正解。

21. 正解 (B)　Testing Point: 時制
「必要なもののリストを昨日の会議でまとめました。あなたは明日それを受け取るはずです。」
文末にある yesterday に注意。過去形が必要だから (B) が正解。which の節にある tomorrow に惑わされないように。

22. 正解 (C)　Testing Point: be 動詞の形
「新しい公営集合住宅を担当する建築士は今週は北ヨーロッパにいます。」
空所の直前にある complexes に惑わされないように。主語の本体は the architect だから、be 動詞はそれに合わせて is が必要。

23. 正解 (D)　Testing Point: 文型
「Mr. Tanaka はプロジェクトチームの他のメンバーに自分の研究結果を見せた。」
空所の動詞の後に、the other members 〜と the results of 〜という2つの名詞句があることに注意。つまり、目的語を2つ取る動詞が必要なので、(D) が正解。

24. 正解 (B)　Testing Point: 疑問詞＋ to 不定詞
「新しい研究機関をどこに設置するかの問題で、議論が行き詰った。」
(A)は受動態だから入らない。(C)はitが何を指すか分からないし、時制も不自然。(D) は完了形になっているのでおかしい。

25. 正解 (B)　Testing Point: 文型
「たくさんの会議出席者が最後のプレゼンテーションには感銘を受けなかったようだ。」
空所の後が unimpressed という形容詞であることに注意。つまり、文型は S+V+C と考えられるので、(B) が正解。

26. 正解 (D) Testing Point: it is ～ for 人 to do の構文
「そのプロジェクトに携わる全ての人が、詳細を秘密にしておくことが不可欠である。」
it is ～ for 人 to do の構文が使われているので (D) が正解。of を入れると、people are essential の関係が成り立つことになりおかしい。

27. 正解 (D) Testing Point: 分詞構文
「レポートを書き終えたので、Mr. Brown はそれをチェックするために同僚に渡すつもりだ。」
(A)(B)(C) は主節の主語である Mr. Brown と complete が受動態の関係になってしまうので不可。よって、(D) が正解。

28. 正解 (D) Testing Point: 受動態の時制
「あなたのローンのお申し込みは現在手続き中で、来週にご連絡いたします。」
at the moment「今」と文全体の意味から考えて、進行形が必要。また、application と process は受身の関係だから、受動態の進行形である (D) が正解。

29. 正解 (D) Testing Point: 関係詞
「Mr. Perry の医療チームによる研究は、普通は臨床実験が行われる段階に差し掛かろうとしている。」
先行詞の stage が、at the stage として set up の後に挿入できる関係になっているので、これと同じように使われる where が正解。この stage のように物理的な場所を指さなくても where を使うことがある。

30. 正解 (D) Testing Point: 不可算名詞
「引越し業者は全ての家具を新しいオフィスに輸送しており、スタッフたちは荷解きするのに忙しかった。」
all the がついているので、可算名詞の単数形である (A) は不可。また、文末の it は空所の語を指すと考えられるので、複数形も不可。よって、(D) が正解。

31. 正解 (B)　Testing Point: 比較級
「Hasimo Devices の新しい携帯音楽プレイヤーは一般的に前モデルよりも持ち運びしやすいと思われており、かなり売れ行きがよい。」
空所の前にある as は原級比較を表す as ではなく、regard A as B「A を B とみなす」の as。ここでは、後ろに than があることからも比較級が必要なので (B) が正解。

32. 正解 (D)　Testing Point: 倒置
「いかなる場合でも、敷地内に駐車されている間に発生した車に対するどのような損害に対しても、Boulevard Parking は責任を負いません。」
will の位置から考えて倒置になっていることに注意。否定を表す副詞句を文頭に出すと、後ろは疑問文の順番になる。また、意味から考えても否定文になるはず。よって、(D) が正解。

33. 正解 (C)　Testing Point: 使役動詞
「営業部長は、その時期は仕事がわりと暇なので Mr. Hill と Ms. Russell の両方に、3 週間の休みを取ることを許した。」
Ms. Russell の後にある動詞が原形であることに注意。よって、使役動詞の let が正解。let + O + do で「O に〜させる、O が〜するのを許す」の意味。

34. 正解 (C)　Testing Point: 関係詞
「来月発表されることになっている、患者のケアの改善についての研究は広く待たれている。」
先行詞が必ずしも直前の単語とは限らないことに注意。本設問のように A into B of C などと前置詞句とセットになって先行詞のかたまりを作っている場合もある。ここでは、関係詞以下の意味から考えて、the research を説明しているから (C) が正解。

35. 正解 (C)　Testing Point: too 〜 to 構文
「Ms. Wilson は試験の結果を受け取った後あまりに興奮していたので、寝付くことができなかった。」
文の後ろに to go to sleep があることと、文全体の意味から too 〜 to 構文が使われていることが分かる。よって、(C) が正解。こういった問題は、解けるかどうかよりも、解くのに何秒かけてしまったのかに注目して練習したい。

36. 正解 (B)　Testing Point: 予約時間を表す for
「会議は、午後 4 時までに終了しなければならなかったので、2 時に予定された。」
be scheduled for で「〜の日時に予定される」という意味なので、(B) が正解。at を使うと予定に入れられるという動作が 2 時に行なわれたことになり不自然。

37. 正解 (B)　Testing Point: 比較
「ここ 20 年よりも、多くの人が警察に新たに採用されている。」
than に気がつけば比較級が必要だと分かる。よって、(B) が正解。

38. 正解 (C)　Testing Point: 知覚動詞
「Jonathan は機械が設置されるのを見るために、その晩遅くまで工場に残った。」
see は知覚動詞として使う場合、see + O + do/doing/done の構文を取る。ここでは、the machine と install が受身の関係なので過去分詞が必要。よって、(C) が正解。(A)(B) を入れると、the machine が install するという動作を行なったことになり不自然。

39. 正解 (A)　Testing Point: 関係詞の what
「その講義に出席していた人々の多くが、教授の発言に驚いた。」
surprised は何に驚いたのかを言う場合には、at や by が必要なので、(A) が正解。at what というのは違和感があるかもしれないが、at と what が 1 つの関係詞として使われているわけではなく、たまたま並んでいるだけである。what を the thing which と入れ替えて考えてみると分かりやすい。

40. 正解 (A)　Testing Point: one of + 複数形
「紛失した収納室のドアのカギのうち 1 つは見つかったが、1 つがまだ見つからなかったのでカギを取り替えなければならなかった。」
one of 〜「〜のうちの 1 つ」は、複数あるもののうちの 1 つという意味のはずだから、空所には複数形が必要。よって、(A) が正解。

Answers - Test 2

問題 1-3 は次の記事によるものです

大自然

ここのところ現代生活において利便性に強調がおかれていますが、休暇に出かける際、ますます多くの人がもう少し野性的なものの方がよいと考えています。そのため、自分自身に挑戦したいみなさんのために、多くの旅行会社が、自然により近い生活を体験できるすばらしい自然美あふれる地域へのツアーを企画しています。訪問する地域は、ジャングルや山岳地帯、砂漠、ツンドラを含みます。ほとんどのツアーの宿泊施設はテントや山小屋で、中にはツアー中は全て星空の下で外で寝ると記載されているものもあります。ツアーガイドはその道の専門家であり、地元地域の知識と、野外での豊富な経験を有しています。安全について心配の向きには、安全は最優先事項であり、ヘリコプターによる救出から最新の医療施設まで、いつでも利用可能であると、Peak Outdoor Tours の取締役 John Declerc はすべての顧客に確約しています。

1. 正解 (B)　Testing Point: 代名詞
all of you を指しているので、複数の yourselves が必要。

2. 正解 (C)　Testing Point: 「全ての」を表す語
tour が単数形で空所の前に冠詞がついていないことに注意。(A)(D) は複数形が必要。(B) は the whole tour なら可。

3. 正解 (D)　Testing Point: 文の構造
文が長いのでつかみにくいかもしれないが、空所に入る語が文の動詞でないといけない。また、空所の後には all his customers と that 節があるので、能動態が必要。よって、(D) が正解。(A) は 3 単現の -s がついていないので不可。

問題 4-6 は次の広告によるものです

> # Grand Heights
> ## 若手専門職のためのアパート
>
> 新しいマンションである Grand Heights の建設が今月初めに開始されました。市の金融ならびに司法の中心地から電車で 5 分しか離れていないため、当マンションほど理想的な立地にあるものはほとんどないでしょう。
>
> 建設業者は来年末までに施設を完成させるという契約であり、部屋の販売は来週開始の予定です。部屋は最新のアメニティを誇るだけでなく、街のすばらしい景色を望み、プールやヘルススパ、体育館などの共用施設も利用できます。
>
> 部屋は、市内に勤務する才能ある専門職の若手を幅広くターゲットにしており、独身、若い夫婦のどちらにも適しています。
>
> さらに詳しい情報は、020-1234-6784 の Jeff Granger にご連絡ください。

4. 正解 **(C)** Testing Point: 副詞
選択肢の中で (C) だけが品詞が異なる。serve という動詞と the financial 〜 city という目的語の後に入り、どのように serve するのかを表す副詞が必要。よって、(C) が正解。

5. 正解 **(A)** Testing Point: 前置詞の to
to の後ろにある completing が -ing 形であることに注意。つまり、空所に入る語は前置詞の to ＋名詞をとるはず。よって、(A) が正解。be committed to 〜で「（義務として）求められる、〜に力を入れている」の意味。

6. 正解 **(B)** Testing Point: 品詞
空所の語は aimed を説明するはずなので副詞が必要。よって、(B) が正解。

問題 7-9 は次の E メールによるものです

> John 様
> もっとはやくお返事しなくてすみませんでした。ご連絡する前に新しい倉庫での問題について情報を集めなければならなかったのです。
>
> 倉庫はもともと最新の電力バックアップ装置を備えるように設計しましたが、実際には私の仕様書通りには完了していませんでした。私の昇進の後、計画を引き継いだ部長が、社の財務状況を考えて、後から財政的に余裕のあるときに取り付けると決めたのです。残念ながら、この決定のために、2 週間前に停電が発生したとき、冷蔵システムが止まりました。結果として、倉庫の在庫品の多くが売れなくなり、顧客に対する問題が発生することとなったのです。
>
> 現在、二度とこのようなことが起こらないように倉庫を改良するために必要な資金を得ようと、財務部と調整を続けているところです。
>
> 本日、後で電話します。
>
> Jeff

7. 正解 (C)　Testing Point: 関係詞

warehouse は場所を表す語だが、ここでは designed の後ろに目的語として入る関係になっているから、which が必要。

8. 正解 (B)　Testing Point: 接続詞と前置詞

空所にあるのが名詞のかたまりだけなので、(A) は不可。後は意味から考える。電源バックアップ装置は後から取り付けることに決めたという文と、会社の財務状況という語を結ぶのは、(B)given「〜を考慮すると」。given にはこのような前置詞的な使い方がある。

9. 正解 (B)　Testing Point: much の使い方

much は不可算名詞に使うので、(C)(D) は不可。また、much of 〜とする場合は、通例後ろの名詞には冠詞などの限定詞が必要。よって、(B) が正解。

問題 10-12 は次の手紙によるものです

> Mr. Crichton Jones
> 34 Hills Vale Close
> Yatsley YT45 KL9
> 23rd July 2012
> Jones 様
> 新型 Foxy ハッチバック車についてのお問い合わせをいただき、ありがとうございます。この車に関するご質問につきまして、車体は前モデルの半分の重さであることをお知らせいたします。さらに、このことは、燃費の点で、新型車は前モデルよりも効率的であるということになります。お車のお届けのご質問につきましては、契約書に明記された締切日までにお支払いの手続きが確認されれば、ご注文いただいてから1週間以内となります。
>
> もし、さらに質問がございましたら、ご遠慮なく私にご連絡ください。
>
> Greg Hanson
> 営業部長

10. 正解 (C)　Testing Point: 比較
空所の後が of なので、それにつながるものが必要。よって、(C) が正解。「倍数表現 + weight や size、length などの単位」という使い方がある。たとえば、twice the height of the building で「そのビルの2倍の高さ」の意味。

11. 正解 (A)　Testing Point: 比較
空所の前にある more に注意。比較級を作るのに more を必要とする語が空所に入る。よって、(A) が正解。

12. 正解 (C)　Testing Point: 接続詞
空所には選択肢のいずれも入りうるので、意味を考える。1週間以内に車が届くという文と、期日までに支払方法が確定されているという文をつなげるのは、(C) provided「〜する限り、〜ならば」。provided は接続詞に見えないので要注意。

900点の条件 8
簡単な項目を決して間違えない

● ケアレスミスをしていないか

Readingセクションのスコアが350点を越えるあたりから、問題を解いてもうろ覚えの文法項目を問われることが少なくなり、400点を越えると、Part 5とPart 6で問われる文法は、ほとんどすべてが自分にとって「おなじみ」で比較的簡単な項目と言えるのではないでしょうか。にもかかわらず90%以上コンスタントに正答できない、または、できたと思ったわりに文法の正答率が伸びない場合、自分では「分かっている」「解けた」などと思っているところで間違っているはずです。

自分が簡単だと思うような問題をうっかり間違ってしまうということは誰にでもあります。特に、TOEICのような時間に追われる試験ではなおさらでしょう。しかし、900点を目指しているときに、解けるはずの問題を間違うというのは相当不利になります。

500点ぐらいの時なら、他にも誤答している問題が多数あるはずなので、多少のミスがあっても、別のちょっと難しい問題を解けるようにすればスコアアップすることができます。しかし、900点を目指し、すでに現時点で文法問題を8割程度正解させている状態なら、簡単な問題を間違ってしまうと、もともと誤答数が少ないだけに、取り戻すのは容易ではありません。

次の図を見てください。

難易度の内訳

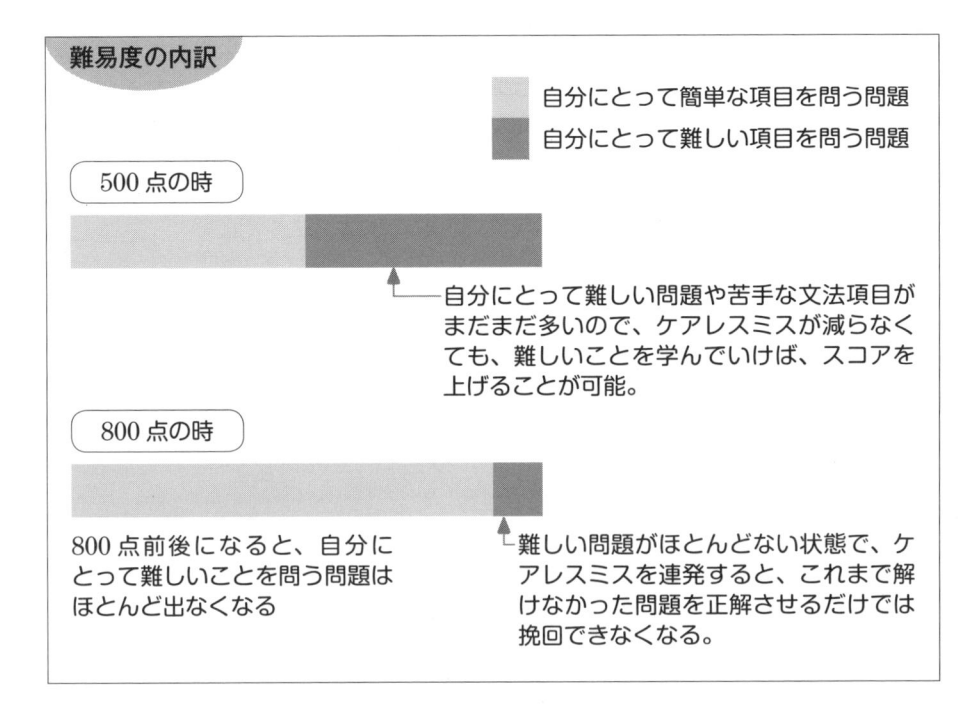

自分にとって簡単な項目を問う問題
自分にとって難しい項目を問う問題

500点の時

自分にとって難しい問題や苦手な文法項目がまだまだ多いので、ケアレスミスが減らなくても、難しいことを学んでいけば、スコアを上げることが可能。

800点の時

800点前後になると、自分にとって難しいことを問う問題はほとんど出なくなる

難しい問題がほとんどない状態で、ケアレスミスを連発すると、これまで解けなかった問題を正解させるだけでは挽回できなくなる。

500点の時には、ケアレスミスをしたとしても、これまで解けなかった難しい問題を解けるようにすれば、カバーできるかもしれません。しかし、800点前後まで来たときには、自分にとって大半が簡単な問題であり、「今は難しくて解けない」という問題がかなり少なくなります。この状態で、簡単な問題を間違えてしまえば、難しい問題を解けるようにしたところでカバーできません。

このように、

高得点になればなるほど、ケアレスミスは取り返しがつかない

ということを肝に銘じておいてください。

上級レベルに近づいてくると、さらに上を目指したいという気持ちのあまり、「自分の知らない項目」や「自分が難しいと思う項目」にばかり目が向いてしまって、自分が簡単だと思っている項目になかなか注意が向かないということになりがちです。しかし、そのような姿勢だと、いつまでたってもミスは減りません。

みなさんは、レベルが上がれば自動的に簡単な問題をミスしなくなると思っていませんか。しかし、実際はレベルが上がるほど、簡単な項目でミスをする割合が増えるのです。次の表を見てください。

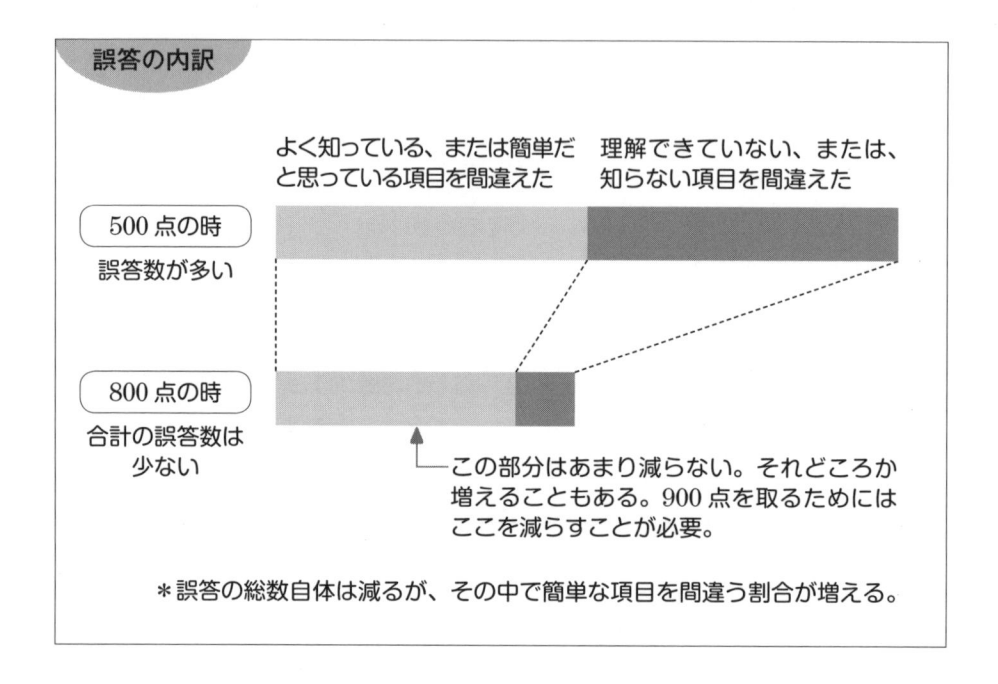

誤答の内訳

| | よく知っている、または簡単だと思っている項目を間違えた | 理解できていない、または、知らない項目を間違えた |

500点の時 — 誤答数が多い

800点の時 — 合計の誤答数は少ない

この部分はあまり減らない。それどころか増えることもある。900点を取るためにはここを減らすことが必要。

＊誤答の総数自体は減るが、その中で簡単な項目を間違う割合が増える。

上記のように、得点が高くなるほど、誤答の総数は減るものの、簡単な項目を間違う比率が高くなります。その理由は大きく分けて2つあります。

1つは、いつまでたっても基本的なことを間違え続ける場合です。たとえば、現在形と過去形を間違える、名詞の複数形の -s を忘れるなどです。実際の TOEIC でも中学生レベルの文法を問う問題は多数出ます。そして、800点前後の受験者でも、短い制限時間の中で問題を解けば、引っかかってしまうことがあるのです。

注意しなければならないのは、高度な文法項目が使えるようになったからと言って、ケアレスミスが自動的になくなるわけではないということです。たとえば、仮定法や倒置などの難しい文法項目が理解できれば、名詞の単数・複数を見落としたり、過去形と現在形を間違えたりしなくなるわけではありません。これらは

まったく別の項目ですから、それぞれに間違えなくなるように練習する必要があります。

もう1つの理由は、初心者のころには難しく感じていたのに、上級者になると簡単に感じるようになった項目を間違えるということです。簡単か難しいかというのは絶対的なものではなく、自分のレベルが上がるにつれて、以前は難しいと思っていたものが簡単に感じられるようになります。そして、それに伴い、知らないことや難しいと思う項目が減っていくことになります。たとえば、以前は関係詞が苦手だったのに、今では簡単に感じているなら、関係詞の問題を間違えれば、「簡単な項目を間違えた」ことになるわけです。つまり、レベルが上がるほど、初心者のときよりも簡単に感じる項目が増えるため、簡単な項目を間違える割合というのは、減らないどころか、増えることもあるというわけです。

これらの理由から、簡単な問題をミスしないようにするという姿勢が不可欠なのです。

自分の簡単だと思う項目を間違える原因には次のようなものがあります。

① 簡単な項目に注目していない
不注意で起こる原因がこれです。問題を解くときに、難しいことばかりに注意が向いて、簡単な項目には注意を払わないようでは、間違えるのも当然です。これは、そそっかしい人だけでなく、向上心の強い方も要注意です。「もっと難しいことを習得したい」という気持ちが強すぎると、簡単なことが「眼中にない」ということになり、いつまでたってもミスが減らないのです。

② 分かっていると思っているだけで、実は分かっていない
文法の説明を読んで理解できるとか、その文法が使われている例文を読んで理解できるということだけで、「マスターした」と思うと危険です。この主な原因は、合格だと思ってもよいハードルが低いことにあります。初心者のときよりも、自分が「できている」と思ってよいハードルを上げましょう。

③ 設問文を読む力がない
設問を読んでも意味が分からない、または読むのが遅い場合は、何を入れればい

いのかを考える前の段階で時間を使いますので、その分だけ問題を解く時間が少なくなります。これはリーディング力の問題といえます。

簡単な項目を誤答した場合は、なぜ誤答したのかその原因を考え、同じ間違いをしなくてすむような練習をする必要があります。①を原因とする誤答が多い場合、文法セクションのスコアが悪いからといって、高度な文法書を読んでも解決にはなりませんし、③にいたっては、文法よりもむしろ読む力をつける練習が必要だというわけです。

●ケアレスミスは深刻な問題の場合が多い

ケアレスミスというと、ちょっとしたはずみで起こる、取るに足らない小さなミス、という感じで捉えられる方がいるかもしれません。しかし、英語のケアレスミスというのは、実は深刻な問題であることが多いのです。

たとえば、3単現の -s をよく落としてしまう場合、英語では主語によって動詞の活用を変えるという原則が、まだ本当に骨身にしみて受け入れられていないという可能性があります。いわば、英語のありようがまだ自分のものになっていないということですね。また同時に、名詞の数をイメージする能力が身についていないということもあるでしょう。

もし、ネイティブスピーカーがしないようなミスを自分が連発する場合、当然ながらネイティブと同じような頭の働きで英語を処理していないことになります。しかも、それを繰り返してミスするようなら、実はそこまでその項目を大切だとは思っていないのではないかと自問してください。そして、自分でさほど重要だと思っていない項目というのは、上達したりミスしなくなったりはしないのです。もし、ケアレスミスが多いという自覚があるのなら、この点を踏まえて、認識を改めてください。

●苦手な項目は誤答率で決める

ここまで見てきたように、簡単な項目を間違えないようにすることは900点を取るためには重要なことです。そこで、簡単な項目をミスしてしまったとき、確認していただきたいことがあります。それは、簡単だと思っている項目は本当に簡単なのかということです。もしかして、自分で簡単だと思いこんでいるだけで、実はものすごく間違いやすい項目ではありませんか。

これを判別するために、文法別の誤答率を調べてみてください。手元の問題集をやってみて、間違った問題の数を項目別に数えます。または、英作文をして添削してもらう機会があるなら、どのような間違いを指摘されるのかを項目別に数えます。そして、その割合が一番高いものが自分の苦手項目だというわけです。たとえば、自分では難しいと思っている文法項目を問う問題の正答率が80%だったのに、自分では簡単だと思っている項目を問う問題の正答率がそれ以下だった場合、本当に自分が苦手にしているのはどちらの項目なのかということですね。

多くの学習者は、理解するのが難しい、または覚えることが多々ある文法を「難しい」と考え、理論的に理解するのが簡単な項目を「簡単」だと捉える傾向にあります。しかしながら、自分にとって簡単な項目とは間違えない項目であり、自分にとって難しい項目とは間違える問題です。これを基準にして、「簡単」かどうかを決めてください。

もし仮に、名詞の複数形に-sをつけるのを忘れる回数が多いなら、それはもうケアレスミスではありません。深刻なくらい間違いを繰り返す苦手項目なのです。

> **Check!**
>
> 診断テスト11では、診断テスト10の結果も加味し、どれくらい簡単な問題を間違うのかを測ります。

診断テスト 11 ── 簡単な項目を間違えていないか

診断テスト 11 では、簡単な項目にどの程度意識が向いているかを測ります。

間違い探しの問題が 20 問出題されます。4 つの下線部から 1 つだけ不適切なものがありますので、それを選んでください。なお、制限時間は平均 1 問 30 秒で解く計算で、計 10 分です。

実際の試験では間違い探しの問題は出ませんが、間違ったものを見て「おかしい」と思える能力は本試験でも必要です。穴埋め問題でも結局は空所に誤答選択肢を入れたとき「おかしい」と思えなければ選んでしまうのですから。

この診断テストでも、4 つの下線部からおかしいものを 1 つ選ぶというよりも、下線部のそれぞれがもともと穴埋め問題で、選択肢を入れた後にそれを自分で確認しているつもりで解きましょう。

また、達成度の計算では、p.160 ですでに行なった診断テスト 10 の結果も反映させます。そして、診断テスト 11 の結果を合わせて、条件 8 の達成度を計算します。

なお、この問題には練習はありません。目標は 20 問中 18 点です。

Test 1

制限時間 10 分

1. Mr. Green <u>regretted</u> that he <u>had not made</u> a reservation before he
    　　　　　　 (A)　　　　　　 (B)
   <u>takes</u> his client <u>to</u> the restaurant.
   (C)　　　　　　 (D)

2. <u>To be</u> sure to lock the safe before you <u>leave</u> the office even if
   (A)　　　　　　　　　　　　　　　　　 (B)
   <u>nothing</u> valuable <u>is in</u> it.
   (C)　　　　　 (D)

3. <u>Only</u> one of the researchers, <u>who are</u> scheduled to arrive tomorrow
   (A)　　　　　　　　　　 (B)
   for the conference, <u>require</u> <u>transportation</u> from the airport.
   　　　　　　　　 (C)　　　 (D)

4. Ms. Foster has been overlooked for several promotions <u>in spite of</u>
   　　　　　　　　　　　　　　　　　　　　　　　　　 (A)
   his outstanding <u>achievements</u> over <u>the</u> past 10 years.
   (B)　　　　　　 (C)　　　　 (D)

5. According to <u>the</u> reception schedule, the CEO makes <u>a speech</u> and
   (A)　　　　　　　　　　　　　　　　 (B)
   <u>welcome</u> the guest before <u>making</u> a toast.
   (C)　　　　　　　 (D)

6. A great many tropical <u>fish</u> can <u>be seen</u> in the aquarium, which was
   (A)　　　　　　 (B)　　 (C)
   <u>build</u> last August.
   (D)

7. The new line of diamond <u>necklaces</u> by Noji Jewelry looks <u>almost</u> as
   (A)　　　　　　　　　　　　　 (B)
   <u>gorgeously</u> as their previous series, but they are <u>even</u> more affordable.
   (C)　　　　　　　　　　　　　　　　　 (D)

191

8. Leap Pharmaceutical announced that it <u>would</u> launch <u>a</u> new supplement
   (A)   (B)
   <u>which</u> contains <u>much</u> nutrients such as vitamins and carbohydrates.
   (C)   (D)

9. According to a survey, <u>many</u> more people now <u>regards</u> price <u>as</u> the most
   (A)   (B)   (C)
   important <u>factor</u> when they purchase a car.
   (D)

10. Ms. Thomas asked her secretary to <u>look up</u> the zip code for <u>region</u> she
   (A)   (B)
   <u>was visiting</u> <u>for</u> a business meeting.
   (C)   (D)

11. The new laboratory <u>is</u> fitted with <u>plenty of</u> state-of-the-art <u>equipments</u>
   (A)   (B)   (C)
   and is capable of conducting various <u>experiments</u>.
   (D)

12. The new sales manager, Mr. Richardson, <u>is</u> not <u>as</u> friendly or as kind <u>to</u>
   (A)   (B)   (C)
   his staff as his predecessor <u>did</u>.
   (D)

13. The negotiation <u>with</u> Macrogreen Inc. seems <u>to come</u> to a dead end,
   (A)   (B)
   but Mr. Wright and his sales <u>staff</u> still have some <u>hope</u>.
   (C)   (D)

14. Effective <u>as</u> <u>of</u> September 1, employees will no longer <u>able</u> to enter
   (A) (B)   (C)
   the company's premises <u>without</u> their identification badges.
   (D)

15. Mr. Swan has <u>once</u> tried <u>eating</u> with <u>another</u> hand to prevent over-
         (A)   (B)   (C)
eating, and he says it <u>worked</u>.
                        (D)

16. All <u>passengers</u> are required <u>to ready</u> their boarding documents, and
        (A)   (B)
present <u>it</u> to the ground staff <u>at</u> the check-in counter.
         (C)   (D)

17. <u>While</u> her stay in London, Ms. Smith <u>is</u> scheduled to <u>attend</u> three
       (A)   (B)   (C)
conferences and two business <u>negotiations</u>.
                               (D)

18. Unless the <u>sales</u> of Tropicon Orange Juice <u>do not</u> improve <u>in</u> the next
                  (A)   (B)   (C)
two months, it will <u>be withdrawn</u> from the market.
                     (D)

19. Dr. Howard's lecture <u>on</u> biotechnology was <u>too</u> complicated and
                            (A)   (B)
technical that many of the <u>attendees</u> could not understand <u>it</u>.
                           (C)   (D)

20. Ms. Ortiz is as skillful <u>therapist</u> as her predecessor but <u>is considered</u>
                               (A)   (B)
as <u>friendlier</u> by <u>both</u> her colleagues and patients.
   (C)   (D)

達成度の計算

① p.160 の診断テスト 10 に戻り、問題と解説を読み返して、正答したかどうかにかかわらず、今の自分でも比較的簡単に解ける、または解けたはずの問題を全て選び、その数を数えてください。この数が「診断テスト 10 の中で簡単な問題の数」となります。たとえば、全 52 問のうち、自分にとって簡単な問題が誤答したものも含め 45 問なら、45 がその数です。

② ①で選んだ問題の中で、誤答の数を数えます。この数が、「簡単な問題を間違えた数」となります。たとえば、自分にとって簡単な問題が 45 問あり、そのうち 3 問間違えているなら、「簡単な問題を間違えた数」は 3 問です。

③ 今度は、診断テスト 11 を採点し、誤答数を数えます。

④ 上記の 3 つの数字を下記の計算式に当てはめて、簡単な問題の誤答率を算出します。

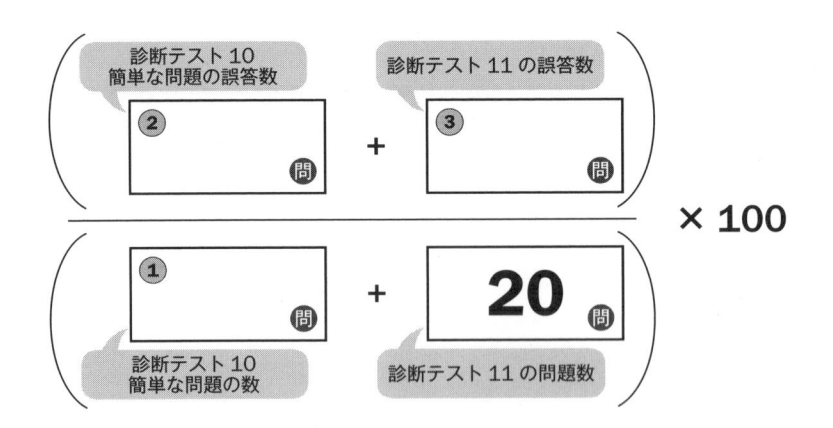

$$\frac{\text{②（診断テスト10 簡単な問題の誤答数）問} + \text{③（診断テスト11の誤答数）問}}{\text{①（診断テスト10 簡単な問題の数）問} + 20\text{（診断テスト11の問題数）問}} \times 100$$

＝簡単な問題の誤答率

5 誤答率が出たら、下記の表を使って得点を求めてください。この得点が、そのまま条件 8 のスコアとなります。p.318 のスコアシートに書き写しましょう。

太枠 900 点圏内

誤答率	得点	誤答率	得点
10% 未満	**10 点**	28% 未満〜 25%	**4 点**
13% 未満〜 10%	**9 点**	31% 未満〜 28%	**3 点**
16% 未満〜 13%	**8 点**	34% 未満〜 31%	**2 点**
19% 未満〜 16%	**7 点**	37% 未満〜 34%	**1 点**
22% 未満〜 19%	**6 点**	40% 未満〜 37%	**1 点**
25% 未満〜 22%	**5 点**	40% 以上	**0 点**

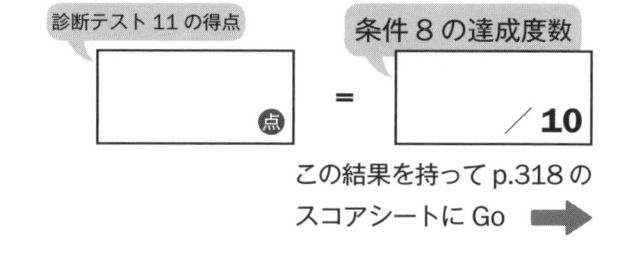

診断テスト 11 の得点 　点　 ＝ 条件 8 の達成度数 　／10

この結果を持って p.318 のスコアシートに Go ➡

Answers

1. 正解 (C) → took
「Mr. Green はクライアントをレストランに連れて行く前に予約をしていなかったことを後悔した。」
過去の話をしているので、takes は took にしなければならない。日本語だと「連れて行く前に」となり、「連れて行った前に」などと言わないのでつられないように注意。

2. 正解 (A) → Be
「貴重なものが金庫に入っていなくても、オフィスを出るときには必ず金庫にカギをかけてください。」
このままだと文頭から the office までが文の形になっていないので、(A) を Be にして命令文にする。

3. 正解 (C) → requires
「会議のために明日到着する予定の研究者たちのうち 1 人だけが、空港からの送迎を必要としている。」
who 以下の関係詞節が長いので分かりにくいかもしれないが、主語は one なので、require も 3 人称単数形にする必要がある。

4. 正解 (B) → her
「Ms. Foster は、過去 10 年間の傑出した業績にもかかわらず、数回の機会で昇進を見送られた。」
(B) は Ms. Foster を指しているはずなので、her が必要。Ms. Foster を見たときにきちんとイメージができているかどうかが問題。これはリーディングでも足を引っ張りかねないので要注意。

5. 正解 (C) → welcomes
「歓迎レセプションの予定表によると、乾杯の音頭をとる前に CEO がスピーチをしてゲストを歓迎します。」
welcome はここでは動詞として使っているので、the CEO に合わせて 3 単現の -s が必要。

6. 正解 (D) → built
「昨年の 8 月に建てられた水族館では、とても多くの熱帯魚を見ることができる。」
受動態になっているはずなので、(D) は built にしなければならない。a great many は「かなりたくさんの」の意味のイディオムで問題はない。また、fish は単複同形で、複数でも -s はつかない。

7. 正解 (C) → gorgeous
「Noji Jewelry のダイヤモンドネックレスの新製品は、前シリーズとほぼ同じくらい豪華に見えるが、さらに手が届きやすい価格である。」
「豪華に見える」という意味になるはずだから、look+ 形容詞が必要。よって、(C) を gorgeous に直す。almost や as に惑わされないように注意。

8. 正解 (D) → many/a lot of など
「Leap Pharmaceutical は、ビタミンや炭水化物などたくさんの栄養素を含んだ新しいサプリメントを発売することを発表した。」
much は不可算名詞に使うので、(D) はこのままではおかしい。many や a lot of などに直す。

9. 正解 (B) → regard
「ある調査によると、車を購入する際、より多くの人が今は価格を最重要項目とみなしている。」
主語が many more people だから、動詞には 3 単現の -s は不要。よって、(B) を regard に直す。(A) はこのままで問題ない。比較級の強調には much が使われるが、many の比較級として more「より多くの」が使われている場合、それを強調するのは much ではなく many。

10. 正解 (B) → the region
「Ms. Thomas は商談のために訪れる予定の地域の郵便番号を調べるように秘書に頼んだ。」
region は可算名詞なのでこのままでは無冠詞となりまずい。よって、the region とする。

11. 正解 (C) → equipment

「新しい研究室は、最新の機器が多数備え付けられており、さまざまな実験を行うことができる。」

equipment は不可算なので -s は不要。よって、(C) を equipment とする。

12. 正解 (D) → was

「新しい営業部長の Mr. Richardson は、前任者ほどはスタッフに対して親しげでも親切でもない。」

(D) はこのままだと一般動詞の繰り返しを避けるために使われているはずだが、一般動詞は出てこないのでここでは合わない。文の意味と構造から was に直す。

13. 正解 (B) → to have come

「Macrogreen Inc との交渉は行き詰ったように見えるが、Mr. Wright と営業スタッフたちはまだ望みを持っている。」

このままでは to come の時制は seems と同じ現在となり、意味がおかしくなる。すでに行き詰まったように見えると言っているはずなので、(B) を完了不定詞の to have come に直す。

14. 正解 (C) → be able

「9 月 1 日付けで、従業員は身分証なしでは会社の構内に入ることができなくなります。」

be able to が使われているはずなので、(C) に be を加える。

15. 正解 (C) → the other, his other

「Mr. Swan はかつて食べ過ぎを防ぐために、もう一方の手で食事をしてみたことがあって、彼はそれはうまく行ったと言っている。」

another は、残りがいくつあるか分からない、または 2 つ以上残っていて「どれ」かが特定できない時に使う。よって、ここで、another を使うと、Mr. Swan に手が 3 本以上あることになり不自然なので、(C) を the other や his other に直す。

16. 正解 (C) → them

「全ての乗客は搭乗書類を用意してチェックインカウンターで地上スタッフに提示するように求められている。」

(C) は their boarding documents を指しているはずなので複数形にする。(B) は ready が「準備する」という意味の動詞として使われているので問題ない。

17. 正解 (A) → During

「ロンドンでの滞在中、Ms. Smith は 3 つの会議と 2 つのビジネス交渉に出席することになっている。」

while は接続詞なのに後ろに名詞のかたまりしかない。よって、(A) を前置詞の During に直す。

18. 正解 (B) → 削除

「Tropicon Orange Juice の売り上げがこれから 2 カ月以内に改善しなければ、市場から引き上げられるだろう。」

unless は if not と同じような意味で、すでに not が入っていることに注意。よって、(B) は不要である。

19. 正解 (B) → so

「Dr. Howard のバイオテクノロジーに関する講義はあまりにも複雑で専門的だったので、出席者の多くが理解することができなかった。」

文中の that に注意。意味から考えて、so 〜 that 構文が使われていると分かる。よって、(B) を so に直す。

20. 正解 (A) → a therapist

「Ms. Ortiz は前任者と同じくらい有能なセラピストであるが、よりフレンドリーであると同僚と患者の両方から思われている。」

therapist は可算名詞なので冠詞が必要。よって、(B) を a therapist とする。もともと、Ms. Ortiz is a skillful therapist. という文を元にして原級比較の文を作っているが、最初の as の後は形容詞か副詞が来ることになっているので、as skillful となり、a はそのあとに来ることになる。ただ、これを知らなくても冠詞がないことには気がつきたいところ。

900点の条件 9

選択肢がなくても Part 5 と Part 6 の問題が解ける

● 文から必要な情報を得ているか

TOEIC の Part 5（短文穴埋め）と Part 6（長文穴埋め）では、選択肢を読んで、何を問われているのか、いわゆる Testing Point を把握することが大切です。Testing Point が分かれば、それに基づいて正答を考えられるからです。そのため、選択肢は問題を解くための大きなヒントであるとも言えます。しかし、普段の練習では、選択肢がなくても適切な語句を空所に入れられることを目指してください。

選択肢というヒントなしで空所を埋めるためには、さまざまな情報を文全体から得る必要があります。たとえば、文全体の意味や、文全体の構造、そして、空所の前後の形などです。これらを全て把握したうえで、一体どういう意味の語句が必要で、どういう形でなければならないのかを言い当てることになります。

逆に言えば、選択肢がなくなったとたんに正答率が大きく下がる、または時間がかかりすぎるという方は、普段から選択肢に頼り切ってしまって、文全体から情報を十分に取っていないと言えます。もちろん、選択肢から得られる情報に頼ることは悪いことではありませんし、選択肢も重要なヒントですから、実際に受験するときには大いに活用すべきです。しかし、だからといって、設問文自体から得られる情報をおろそかにしたままでは、その分だけ得られる手がかりが少なくなることになり、結局は、解答によけいに時間がかかり、誤答する率も上がってしまうのです。1問 25～30 秒前後で問題を正確に解くためには、文中の全てのヒントを取らなければなりません。

ここで、試しに日本語で考えてみましょう。次の日本文の空欄に適切な語句を入れてみてください。

> そのスーパーマーケットの売り上げは、近くにコンビニエンスストアがオープンした ＿＿＿＿ 15%も低下した。

いかがでしょうか。

「ために」「とたんに」「直後に」「あと」「せいで」「ことにより」「ので」

のような語を思いつく方が多いのではないかと思います。そして、

「にもかかわらず」「けれども」　…… 意味的に不自然
「理由」「というわけ」「は」　…… 文法的におかしい、形が合わない

など、意味的におかしいもの、文法的に入らないものは、最初から思いつきもしないでしょう。そして何より、選択肢など最初から必要ないと思いませんか。

そして、これは英語でも同じです。全体的な意味と文の構造から適したものを入れればよいだけです。

> The sales of the supermarket decreased by 15% ＿＿＿＿ a convenience store opened nearby.

もし英文が難しすぎて意味が取れないなら、答えが分からないのも仕方がないでしょう。しかし、もし全体的な意味が分かるのなら、どのような語句が必要かを分からなければおかしいことになります。

この例では、as soon as, because, after などが入りますね。

また、選択肢なしで正答するためには、設問からさまざまな情報を得る能力だけでなく、感覚的な英語のセンスも要求されます。たとえば、こういう意味でこういう言い方をするとき、こんな英文になる、というような、英文のありようというか、どのような英文にすればナチュラルな英語になるのかも分かっていけなれ

ば、選択肢なしで空所に適切な語句を入れることはできません。

たとえば、先ほどの日本語の例題で、

「のだから」、「がゆえに」、「ってことで」、「ら」

のような語は、意味的にも文法的にも誤答とは言えません。もし、これらが選択肢にあり、他の選択肢がおかしければこれらも選ぶでしょう。しかし、選択肢なしでは、最初から自分でこれを思いつくことはあまりないのではないでしょうか。つまり、文の書き方や使われている語句などから、「こういった場合は、このような言い方をする」という方針みたいなものが、自分なりに無意識のうちにあって、それにしたがった語句を選んでいるのです。そして、センスがある人ほどこの「方針」がネイティブに近いのです。

TOEICの穴埋め問題でも、多くの場合、ナチュラルな英文になるような選択肢が正答となっています。今の日本語の例題で言えば、「ために」「直後に」などのようなネイティブが自然に書くような文になるように作られています。そのため、「こういう書き方なのだから、次はこれが来るはず」などと、選択肢どころか、英文すら最後まで文を読まなくても答えがわかるということもよくあるのです。

もちろん、選択肢なしで解いても、外れることがあるかもしれませんし、先ほどの日本語問題のように当てはまる複数の語句を思いつくこともあるでしょう。それはそれでかまいません。大切なのは、実際に選択肢を見ずに正答の語句をいい当てることではなく、自分で適切な語句を入れられるぐらい設問をきちんと読めていれば、速く正確に解きやすくなるということなのです。

したがって、実際の試験で選択肢を見ないで解く必要はありません。ただ、Part 5とPart 6の問題で、選択肢がなくても適切な語を入れることができるぐらいに、設問からヒントを得られること、そして、そこから適切な語句を思いつくことができることは必要です。

また、この能力はリーディングでも必要です。もし、文全体から取ることができる情報が少なければ、その分だけ英文の理解にも支障が出ます。選択肢がないと

空所に適語を入れられないという方でも、本番の試験では選択肢があるわけですから、そのおかげで文法セクションのスコアはさほど悪くないかもしれません。しかし、それでもやはりそこから伸び悩んだり、長文読解のスコアに影響したりするのです。

特に、テクニックを重視している人、または、文法知識が不足しているわけではないのに、伸び悩んでいるという方が、選択肢をなくしたとたんに正答が思いつかないということになるようです。

そして、実際に、900点をコンスタントに取れる人、または 800 点から 900 点にまで伸びるのが早い方は、選択肢がなくても支障がないことが多いのです。

> **Check!**
>
> 診断テスト 12 では、実際に選択肢のない問題を解いてみて、どれくらい正答できるのかを測ります。

診断テスト 12 ── 英文からヒントを得ているかを測る

診断テスト12では、英文からきちんとヒントを得ているかどうかを測ります。

Test 1 は、Part 5（短文穴埋め）を、Test 2 では Part 6（長文穴埋め）を解きます。選択肢はありませんので、自分で考えて空所に当てはまるものを入れてください。ただし、答えは必ず1〜2語です。3語以上は入れないでください。

また、複数の答えが当てはまる場合もあります。その場合は、ネイティブなら何を入れそうなのかという視点に立って、もっともナチュラルに思えるものを入れてください。

解答例としていくつか入りうるものが書かれていますが、それ以外でも入りうるものがあるかもしれません。もし意味だけではなく文法・構文上から考えても入りうると確信が持てるものであれば、英文訳も確認した上で正解としてください。ここで診断するのは、選択肢なしで正答を当てられるかどうかではなく、どれぐらい文脈や構造などの情報を得ているかです。

この問題に練習はありません。目標は、22 問正解です。

Test 1

制限時間 10 分

1. Mr. Myers took his mobile phone to the local shop and had it _____ because the reception was deteriorating.

2. Continental Computations Inc. is now recruiting a new international sales employee who is fluent in _____ Dutch and French.

3. Employees _____ wish to attend the training courses below should contact the Personnel Department.

4. Unless _____ prescribed, this medicine should not be given to children under 6 years old.

5. The main laboratory on the second floor is strictly restricted, and no one is allowed to enter _____ prior permission by the management.

6. Last October, Ms. Adams was promoted to chief designer, and was _____ to the Paris branch.

7. Despite the _____ that Mr. Cooper started work two months ago, he was promoted to chief programmer.

8. Mr. Wilson went to see the opera at Winston Theater but unfortunately it did not live up to his _____ .

9. Ms. Morris and Ms. Green have known _____ since they were little children.

10. Recruited only last month after graduating from university, Mr. Parker is the _____ experienced of all the sales staff.

11. For the convenience of the conference attendees, food and beverages will _____ for free in the main cafeteria.

12. Many companies are now _____ heavily dependent on e-mail that they cannot manage day-to-day operations without it.

13. Accidents of this kind can _____ by various factors including lack of training for the machine operators.

14. Employees of Green Technologies Inc. must inform _____ immediate supervisors if they wish to take a sick day.

15. The engineers of Stone Tech Ltd. worked around the clock _____ as not to miss the deadline.

16. The Heddington Museum's main building is temporarily _____ to the public due to its ongoing renovation.

17. _____ your job interview goes successfully largely depends on how you present yourself.

18. The finalized version of the sales report describes the financial problems of our company in _____ detail than the draft.

19. _____ that proper receipts are submitted, any trip to conduct company business will be reimbursed.

20. It is estimated that 5 percent of the increase in sales can be _____ to the promotional campaign last month.

Test 2

制限時間 8 分

Questions 1 - 3 refer to the following e-mail.

Dear Mr. Ross,

Thank you very much for your application for a training course at our school.

Unfortunately, "Basic strategies on business negotiations," the course you applied for, is fully ___1___ and will not be available until September. Please accept our sincerest apologies.

However, we have another course which might be of ___2___ to you. It is entitled "Successful business negotiations," and it concentrates on various strategies and techniques to finalize a negotiation to your advantage.

This course is still open for registration, but please hurry, as it is the second ___3___ course in our school.

Please contact us if you are interested.

We look forward to hearing from you.

Lauren Walker
Admissions Office

Questions 4 - 6 refer to the following e-mail.

From: Rachel King
To: David Brooks
Date: July 2
Re: Referee check

Dear Mr. Brooks,

We are currently considering a job application from Daniel Baker, __4__ , according to his résumé, worked for your company in the position of Chief Engineer from June 2007 to December 2011. He has included you as one of his referees. We __5__ appreciate it if you could take a few moments to complete the enclosed questionnaire and return it to us in the stamped addressed envelope provided at your earliest __6__ .

Yours sincerely,

Rachel King
Personnel Manager

達成度の計算

1 Test 1 と Test 2 の正答数を足して、合計正答数を算出します。

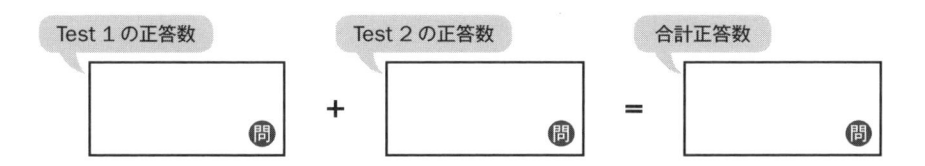

Test 1 の正答数 [　　問] + Test 2 の正答数 [　　問] = 合計正答数 [　　問]

2 下記の表から、診断テストの得点を求めてください。この得点が、そのまま条件9のスコアとなります。p.318のスコアシートに書き写しましょう。

太枠900点圏内

正答数	得点	正答数	得点
22問以上	**10点**	16問	**4点**
21問	**9点**	15問	**3点**
20問	**8点**	14問	**2点**
19問	**7点**	13問	**1点**
18問	**6点**	12問以下	**0点**
17問	**5点**		

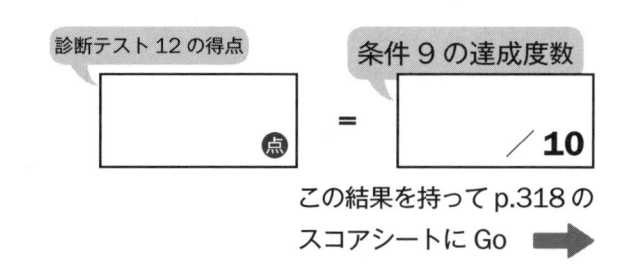

診断テスト12の得点 [　　点] = 条件9の達成度数 [　　/ **10**]

この結果を持ってp.318のスコアシートにGo ➡

Answers - Test 1

1. 解答例　repaired, replaced, checked, fixed
「Mr. Myers は、受信感度が悪くなってきていたので、自分の携帯電話を近くの店に持って行き修理してもらった。」
had ＋目的語＋過去分詞の形が使われていると気がつくかどうか。修理してもらう、取り替えてもらう、チェックしてもらうなどが入るだろう。

2. 解答例　both
「Continental Computations Inc. は現在オランダ語とフランス語の両方に堪能な新しい国際営業社員を募集中である。」
both A and B で「A と B の両方」

3. 解答例　who, that
「下記のトレーニングコースを受講したい社員は人事部に連絡してください。」
should contact が文の述語動詞なので、空所には関係詞が入ると分かるはず。

4. 解答例　otherwise
「特段の処方のない限り、この薬は 6 歳未満の子供には与えないでください。」
unless otherwise ＋ 過去分詞で、「特段〜されないかぎり」の意味。よく見かけるのでこのまま覚えておきたい。

5. 解答例　without
「2 階のメイン研究室は厳しく入室が制限されており、経営側の事前の許可なしには誰も入ってはならない。」
「経営側の事前の許可」と「入ることを許されていない」をうまくつなげるのは without「〜なしで」

6. 解答例　transferred, moved, relocated
「昨年 10 月、Ms. Adams はチーフデザイナーに昇進し、パリ支店に転勤となった。」
to the Paris branch と、空所の前が was であること、また was promoted から、異動に関する動詞が受動態で使われていると見当をつけたいところ。

7. 解答例　fact
「Mr. Cooper は 2 カ月前に仕事を始めたという事実にもかかわらず、チーフプログラマーに昇進した。」
空所には that 節をとる名詞が入る。despite the fact that S+V は非常によく使われる表現なので、瞬時に出てくるようにしておきたい。

8. 解答例　expectations
「Mr. Wilson は Winston Theater にオペラを見に行ったが、残念ながらそれは彼の期待に沿うものではなかった。」
live up to は「〜の基準に達する、（期待など）に沿う」の意味。これと his に合うものは expectations。

9. 解答例　each other, one another
「Ms. Morris と Ms. Green は小さな子供の頃からお互いを知っている。」
文脈からお互いを知っているという意味になることが推測できる。よって、each other または one another が入る。

10. 解答例　least
「大学から卒業して、先月雇われたばかりなので、Mr. Parker は全ての営業スタッフの中でもっとも経験が少ない。」
空所の前にある the と文脈から最上級が必要だと分かる。また、内容から考えてもっとも経験を積んでいないとなるのが自然なので least が正解。ただし、少々皮肉気味に他のスタッフがそれよりもひどいという意味で most とするのも可能。ただし、そう書いた方はそのつもりで書いた場合にのみ正答とする。文意を背負わず単に「experienced を最上級にするのだから most」などと決め付けないように。それでは文意を背負っていることにはならない。

11. 解答例　be provided, be available
「会議出席者の便宜のために、食べ物と飲み物はメインカフェテリアで無料で提供されます。」
文脈から「提供される」に相当する語句が入ると分かる。あとは、food and beverages が主語なので、受動態にすることを忘れずに。または、available を使うのも可。

12. 解答例　so
「多くの会社は現在、E メールにとても依存しており、それなしでは日々の業務をこなすことができない。」
文中に that があることと文の意味から so 〜 that の構文が使われていると分かる。

13. 解答例　be caused
「この種の事故は機械を操作する者に対するトレーニング不足を含め、様々な要因で起こりうる。」
「起こる」という意味になるのだが、by 以下から考えて、受動態になると分かる。したがって、take place や happen などは不可。

14. 解答例　their
「Green Technologies Inc の従業員は、病気で欠勤したい場合は、自分の直属の上司に知らせなければならない。」
immediate は「(関係などが) 一番近い」の意味で、ここでは直属のという意味だが、誰の直属かを言うのが普通なので、their が自然な答えとなる。

15. 解答例　so
「Stone Tech 社のエンジニアたちは締め切りに遅れないように、夜を徹して働いた。」
文意から考えて「締め切りに遅れないように」という意味になるはずなので、so as not to「〜しないように」が入ると分かる。

16. 解答例　closed

「Heddington Museum のメインビルは現在行われている改装工事のため一般には閉館されている。」

意味を考えると、閉館していると言っているはずで、また、空所の後ろが to the public であることから、closed が入ると分かる。

17. 解答例　whether

「あなたの就職の面接がうまくいくかどうかは、どのように自分を見せるかにかかっている。」

「かどうか」に相当する語が入るはずだから、whether が正解。if も同じ意味を持つが、この意味では文頭には来ないので不可。

18. 解答例　more, greater

「営業報告書の最終版は、草稿よりも詳しく我が社の財務問題を説明している。」
than があることから比較級が入ることが分かる。よって、more や greater が正解。

19. 解答例　provided

「適切な領収書が提出されれば、社用を行なうための出張はすべて払い戻される。」
文脈から考えて、if に相当する語句が入るはずだが、空所の後に that があるので、provided が正解。

20. 解答例　attributed

「売り上げの増加分のうち 5% が、先月の販売促進キャンペーンによるものであると見積もられている。」
内容から考えて、5% 分はキャンペーンのおかげであるということが言いたいことが分かる。また、空所の前が be 動詞だから、動詞なら受動態が入る。

Answers - Test 2

Ross 様

当校のトレーニングコースにお申し込みいただきまことにありがとうございます。

残念ながら、お申し込みの "Basic strategies on business negotiations" はすでに予約でいっぱいであり、9月まではお申し込みいただけません。深くお詫びいたします。
しかしながら、ご関心を持っていただけるかもしれない別のコースがございます。それは、"Successful business negotiations" と名づけられており、自分の利になるように交渉を終えるためのさまざまな戦略やテクニックに集中するものでございます。このコースはまだ登録ができます。しかし、当校で2番目に人気のあるコースですからお急ぎください。
もしご興味があればご連絡ください。
お返事をお待ちいたしております。

Lauren Walker
入学課

1. 解答例 booked
文脈から考えて完全に予約されてしまっているという意味になるはずなので、booked が正解。ちなみに、reserved も同じ意味だが、fully booked に比べ、fully reserved という形では、あまり使われない。ただし、ここでは診断テストの主旨から考えて、正解としてもよいだろう。

2. 解答例 interest, use, help, value
この英文の書き方と、文章全体の流れから考えて、interest が自然な答え。~ might be of interest to you というのはこういった場合に非常によく使われる表現。または、役に立つという意味で、use でも可。help、value でもよい。

3. 解答例 most popular
その講座が2番目にどうだから急ぐように言われているのかを考えると、最も人気があるからだということが推測できる。よって、most popular が正解。

> 差出人：Rachel King
> あて先：David Brooks
> 日付：7月2日
> 件名：身元保証人の確認
>
> 現在私どもは、Daniel Baker からの就職申込を検討しているところです。履歴書によると、彼は 2007 年 6 月から 2011 年 12 月まで貴社でチーフエンジニアとして働いていました。氏はあなたを彼の身元保証人の 1 人として挙げています。少しお時間を頂き、同封の質問用紙にご記入いただいて、返信用封筒にてできるだけ早くご返送いただければ幸いです。
>
> 敬具
>
> Rachel King
> 人事部長

4. 解答例　**who**
文の構造から考えて、関係詞が入ることが分かる。よって、who が正解。according to his résumé という挿入句に惑わされないように。

5. 解答例　**would**
I would appreciate it if you could ～は人に丁寧に依頼するための定型表現。この it は落さないように注意。

6. 解答例　**convenience, opportunity**
できるだけ早くという意味になるはずなので、convenience か opportunity が入る。

条件を満たすための学習法

ここで、900点を突破するために必要な文法の学習法と方針をまとめておきましょう。

➡ 苦手な文法をなくす

900点をとるには、基本的に何も間違えてはいけないという姿勢で臨む必要があります。そのときに、苦手なものがあっては相当に不利になります。何を出題されても大丈夫なように苦手項目をなくしてください。また、文法はリスニングとリーディングでも必要です。そのつもりで練習し、Part 5と6に出ないから放置するということのないようにしてください。文法は読む・書く・聞く・話すと連動させて幅広い視野に立って練習した方が結局は近道なのです。

➡ 自発的に使えるようにする

文法を正確に覚えているという受動的な知識ではなく、必要とされている形や用法を瞬時に取り出せるようにしておく必要があります。

➡ ケアレスミスをなくす

900点を取るためには、知らないことをなくすだけでなく、解けるはずの問題をミスしないということが不可欠です。ケアレスミスが減らないとスコアアップは望めません。

➡ 文法項目に気がつく

たとえ簡単な項目でも、それが使われていることに気がつかなければ正しく処理できません。上級レベルになればなるほど、知らないことで間違うよりも、知っていたけど気がつかなかった、またはそれを考えなければならないと思い至らなかったということで間違えるのです。

グラマー練習法

① 3-Step メソッド

文法の学習では、実践形式の練習、あやふやな項目の定着、弱点の発見などさまざまな切り口での練習が必要となりますが、問題を普通に解いて答え合わせをするだけでは、これをすべてこなすことはできません。そこで、数日から1週間を1サイクルとして、その間に同じ問題を異なる方法で3回解きます。答えは1〜3回目それぞれ別々に書いてください(次ページ参照)。答え合わせをした後に、それぞれの回で何点だったかを集計します。

1回目 実践とおなじようにすばやく解く練習
試験本番と同じように、制限時間内に何も見ないで解きます。途中で時間がなくなって、最後の数問は読まずに解くということのないように。正答率よりも最後まで解き切ることに重点を置いてください。制限時間は、Part 5（短文穴埋め）は1問25秒。Part 6（長文穴埋め）は1問30秒です。

2回目 自分で必要な知識を引き出す練習
1回目が終わったら2回目に入ります。ここでは、時間制限なしで、辞書や文法書など一切使わず、自分の力だけでもう一度問題を解いてください。1回目で、引っかかった問題や、時間に追われてよく考えられなかった問題を中心にもう一度問題を読み直して、全問よく考えましょう。2回目にどれくらい考えたかで、伸びが決まります。1日ちょっとの時間で構わないので、必ず数日にわたって行ないましょう。もし、知らない単語が出てきても、文脈から予想しておいてください。

3回目 苦手文法のチェックと、基本的な理解の向上を目指す
数日にわたって2回目をやったら、3回目に入ります。ここでは、文法書と辞書を使って、全問正解を目指します。なぜ自分がこれを選んだのか、なぜ他の選択肢が違うと思ったのかも考えてください。Part 5 と Part 6 ともに、設問の英文は、リーディング練習のつもりで深く読んで、本当に意味が分かっているかどうか、訳せるだけで安心していないかを確認してください。知らない単語は辞書

を引いて、メモしておき後で暗記しましょう。

解答用紙の例

	1回目	2回目	3回目	メモ
101	A	B	B	
102	C	C	C	
103	A	D	A	
104	A	A	A	
……	……	……	……	
120	B	C	B	
合計	11/20	14/20	18/20	

答え合わせ

3回目が終了したら、答え合わせをします。特に、3回目でも自信がなかったり、間違ったりした問題は、時間をかけて辞書と文法書まで使ってその状態なのですから、最重要課題として取り組んでください。

採点したら、それぞれの回の点数を比べてみましょう。1回目は今この時点での実力、2回目の点数は近い将来の点数。3回目は少し離れた将来の点数と考えます。1回目よりも2回目、2回目よりも3回目の方が点数がよいはずですが、もし、1回目の点数が2回目よりも極端に悪い場合は、スピードが足りない可能性があります。

1回目と2回目の点数がさほど変わらず、いずれも9割に達しない場合は、まだ使えない文法項目があるか、またはボキャブラリーが足を引っ張っている可能性が考えられます。3回目の点数が9割に達しない場合は、文法・辞書を見ても解けないのですから、正答するための基本的な理解が足りない項目がないか確認してください。

② 英作文の練習

文法項目別に英作文をするというのもかなりよい練習です。英作文で自由に使えるようなレベルを目指すというのは、単に英作文ができるようにするというだけでなく、マラソンの高地トレーニングのように負荷を掛ける練習となり、穴埋め問題の正答率も上がります。自分で自由に使える項目は穴埋めでも間違えません。

文法別の英作文のテキストがなければ、文法書にある例文や、文法別問題集の設問を使うこともできます。例文や文法問題の英文を伏せて、日本語訳だけを見て英文に直し、それを元の例文と比べれば、手軽に文法別に英作文の練習ができます。

また、慣れてきたら、さらに負荷を掛けて、消しゴムを使わずに書くことをおすすめします。

たとえば、「私は明日、本を読みます」と書きたいときに、I read a book と書いた後で、「あ、明日の話だから未来形にするんだった」と気がついて書き直すのは、動詞の処理がよくないことを示唆します。これは、たとえ read と書いている最中に気がついてもダメです。動詞本体の前に時制などの語が先にくるというのが身についていないことになります。読むときも書くときも必ず出てくる順番に処理しなければなりません。つまり、考えるべきことを考えなかったときに消して書き直す羽目になってしまうということなのです。したがって、消しゴムを使わずに最後まで書いてしまい、後から見直しても消して書き直す必要のないようにしましょう。

コラム

目安は 14 時 7 分

ご存じの通り、TOEIC のリーディングセクション（Part 5 ～ 7）は、制限時間が非常に短く、多くの受験者が最後まで解けなかったり、問題を読まずにマークしたりしています。時間が足りなかった場合、ついつい長文読解に原因があると考えてしまいがちですが、Part 5 と Part 6 のせいではないか確認してください。

Part 7 の長文問題は 1 問 60 秒前後で解くのが一般的です。たとえば、4 問の設問がついた長文は 4 分、3 問の設問がついた長文なら 3 分が目安です。しかし、これは、長文を読む時間も含まれたものです。純粋に設問に答えるための時間はやはり 30 秒程度しかありません。つまり、単純に計算すると、Part 5 と Part 6 で 2 分余分にかかっただけで、Part 7 で最後の 4 問を解く時間がなくなるということになります。

時間配分の目安

	1 問あたりの時間	問題数	所要時間
Part 5（短文穴埋め）	25 秒	40 問	16 分 40 秒
Part 6（長文穴埋め）	30 秒	12 問	6 分
Part 7（長文読解）	Single Passage 60 秒 Double Passage 65 秒	28 問 20 問	28 分 21 分 40 秒
			合計 75 分

上記はおおよその目安ですが、Part 5 と Part 6 の文法問題は 1 問 25 秒～ 30 秒という短い時間で解答しなければ間に合いません。

仮に、この時間配分どおりに解くとすると、Part 5 と Part 6 を、22 分 40 秒で解き終わることになります。リスニングは通常 45 分かかるので、TOEIC の試験が 13 時から開始された場合、13 時 45 分から Part 5 を解き始めることになります。そして、そこから 22 分 40 秒ですから、14 時 7 分 40 秒までには、Part 6 まで終わっていなければならないというわけです。

この時間制限はかなりシビアです。先ほども書いたとおり、30秒延長するごとに、長文の問題を解く時間が1問ずつなくなっていくのです。30秒程度なら、長文問題のどこかでひねり出せそうですが、これが2分、3分となっていくと、すでに目いっぱいのスピードで解いているのに、さらに時間を短縮しなければならず、かなり厳しくなります。

また、長文を無理に速く読み、その長文自体の理解度が下がると、その分だけ付随する設問の全てに悪影響が出ることを忘れないでください。たとえば、4問の設問がある長文で、その長文の意味が分からないと4問分の正答率が下がったり、解答に余分に時間がかかったりするのです。

したがって、Part 5とPart 6の時間配分にも注意を払い、Part 7の足を引っ張らないように気をつけてください。

なお、TOEICの開始時刻が変更されたり、IP試験を受ける場合に開始時刻が異なることもありますので、その場合は、リスニング終了時に時計を見て、そこから22～23分でPart 6まで終わらせるようにしましょう。

Reading

Chapter 4 ● リーディング編

900点問診票

Chapter 4 ● リーディング編

次のそれぞれの項目について、0（まったく当てはまらない）〜 4（とても当てはまる）の 5 段階で点数をつけてください。結果は p.316 で集計します。

Q1	英文を読んでも、一度で文の意味を理解することができないため、同じところを2度読んだり、数単語戻って読んだりすることがよくある。	／4
Q2	完全に理解しようとしながら読むと、著しくスピードが落ち、1分間に180語未満の速さでしか読めなくなる。	／4
Q3	実際の試験では、時間に追われて半ば無理やりに速いスピードで読むものの、あやふやにしか理解できていないことが多い。	／4
Q4	長文全体の流れや内容を覚えておくことができないため、選択肢を見なくても設問を読んだだけで答えが浮かぶ、ということがあまりなく、1問ごとに長文に戻らないと答えが分からない。	／4
Q5	文の途中に知らない単語が出てくると、それだけで文全体の意味が分からなくなる。	／4
Q6	よく知っている単語が、たまたま自分の知らない意味で使われていても、読んでいる最中に気がつかない。	／4
Q7	試験では、制限時間内に最後の問題まで解くのがかなり難しく、その主な原因は文法問題ではなく Part 7（長文読解）である。	／4

Q8	疑問文を読むのが苦手で、Part 7 では、設問の意味を理解するのに時間がかかったり、何を問われているのかよく分からないまま答えを探そうとしたりしてしまう。	/4
Q9	中学校〜高校の国語の文章題が苦手で、おそらく今でも苦手なままだと思う。	/4
Q10	経済やビジネスなどの話題が苦手で、そういった分野の話についていくのが難しい。	/4
Q11	自分宛のメールを読むかのように、問題を読んでいない。また、英文を読みながら、何らかの感情が湧くこともなく、書かれている内容について感想も持てない。	/4
Q12	英語の分析だけで精一杯で、書き手の感情や意図、状況など、いわゆる「行間を読む」ということができていない。	/4
Q13	日付や数値など、細かいデータを問う問題よりも、全体として何について述べているかや、パッセージの目的などを問われるのが苦手。	/4
Q14	スコアレポートの読解に関する項目で、90% に達しないものがある。	/4
Q15	注文用紙などは大丈夫だが、新聞記事のような長文は難しくて苦手である。	/4

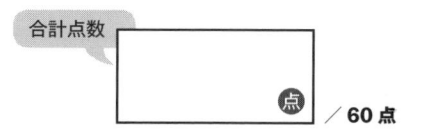

合計点数 　点 /60 点

900点の条件 10

1分間に150〜180語以上のスピードで読み、正確に理解できる

● 一度で理解できているか

Part 7に出題される長文は、実はそれほど難度の高いものではありません。700点〜800点の学習者であれば、辞書などなくても時間さえかければ9割程度は正答できる問題です。それだけに、どれだけ速く読んで理解できるかが重要です。

また、英文を読むスピードは、Part 7以外にも影響します。リスニングのPart 3とPart 4では、設問を先読みして会話や長文を聞くという段取りで問題を解くと思います。そのときに、読むスピードが遅いと、設問を読み終える前に音声を聞かなければならないことになり、かなり不利となります。また、Part 5とPart 6の文法問題でも、設問を早く正確に読むことができれば、その分だけ答えを考える時間に回せますし、解答時間も短くて済むのです。つまり、速読力はリスニング・文法・リーディングのいずれのスコアにも影響を及ぼすといえます。

そこで、900点を取るために、目安として、できれば1分間に180語以上、遅くとも150語以上のスピードで理解しながら正確に読める能力を身につけましょう。

まず、そのためには、

> 一切戻り読みをせず、英文を理解しながら読み進め、文末まで来たときには完全に理解できているような読み方ができる

ということを目指してください。

いくら読むスピードを上げようとしても、同じところを2度読んだり、意味が分からないからといって、もう一度文頭から読み直したりするのでは、いつまでたっても読む速度が頭打ちになってしまいます。また、実際のTOEICの試験においては、戻り読みしている時間がないため、理解できていなくても読み直さず、内容が理解できないまま無理やり先を読み進めることにもなります。

したがって、まずは一度で理解する能力を身につけることが大切です。その上で、少しずつ読むスピードを上げる練習をしていきましょう。

●すべての情報をつかんでいるか

それでは、どうすれば一度で理解できるようになるのでしょう。実は、その方法は単純で、

> 一度ですべての情報をつかんで意味に組み込む

ということができればいいのです。

戻り読みしないと理解できないというのは、英文中にある全ての情報を一度で入手していないからです。つまり、一度目に読んだときに、取り残した情報があるために、それを取りに戻らなければ理解できないということですね。そうならないようにするためには、最初に読むときに、取るべき情報を全て取り、それを意味に組み込みながら読み進めればいいわけです。

リスニングの条件5で、文法や構文など単語以外の情報を考慮に入れないと、たとえ単語がすべて聞こえても、意味が分からなかったり、誤解したりするという話をしました。これはリーディングでも同じです。重要そうな単語に集中するだけだと、文法や構文などそれ以外の情報を取りこぼすことになり、結果として、曖昧にしか意味が取れないことになります。知らない単語が出てこなかったのに英文を読んでも正確に意味が取れなかった、というのは誰しも経験があるのでは

ないでしょうか。このことは、単語の意味を考えるだけで英文を理解できるわけではないということを示しています。

英文の意味を理解するために取るべき情報というのは、大きく分けて次の4つがあります。

① 重要そうに見える単語

> **例**
> 名詞：boy, teacher, promotion, representative, profit ……
> 動詞：eat, develop, inquire, oversee, contain ……
> 形容詞：beautiful, magnificent, interactive, commensurate ……
> 副詞：promptly, primarily, specifically ……
> 　⋮

一般的な名詞・動詞・形容詞・副詞など、単語集に掲載されているような単語のことです。意味的に重要そうに見えるため、後述の the や in など、文法にかかわるような単語よりも注目される単語といえます。リーディングが苦手な人ほどこの単語だけに注目しがちです。したがって、いかにこれ以外の項目に気を配れるかがカギとなります。

② 文法語句

> **例**
> 前置詞：in, on, at, with, for ……
> 冠詞：the, this, that, those ……
> 代名詞：he, she, their, our ……
> 関係詞：who, which, that ……
> 　⋮

主に、文法書に説明のある語句です。これらの単語は、一見すると①の単語ほどたいした意味を持っていないように見えるものや、簡単に見える語が多いため、見落としや「見ただけ」ということが頻繁に生じます。そして、処理しそびれた

分だけ文の意味やつながりが曖昧になっていくのです。

③ 単語の活用・形

> **例**
> **名詞の複数形**： books, women
> **動詞の活用部分**： eats, playing, invited, to read
> **態や時制**： have watched, was being developed
> 　　　　⋮

動詞の活用や、形容詞の比較級・最上級、名詞の複数形など、原形を活用させた形になっているものです。これらは、本来なら活用部分に注目しなければならないのに、元の形にだけ注意が向くことが多く、そのために、形が提示している情報を取り逃しがちです。上記の例で言うと、was being developed を見たときに、develop に意識が集中してしまって、なんとなく「開発するってことだ」程度しか把握できず、受動態の進行形であることを取り逃してしまうことがよくあるのです。そしてこれも、明確に意味を理解できない原因となります。

④ 全体の構造、または複数の語を伴う構文

> **例**
> **文型**：使われている文型の判別
> **挿入句**：文の途中に入っている句などで惑わされないか
> **知覚動詞や使役動詞**： had Fred and Catherine help us
> **複数の語からなる構文**： so ~ that や either A or B など
> **前置詞句の修飾**：どの語句を説明しているかの判別
> **with + O + 補語**： with his eyes closed
> 　　　　⋮

文型や構文など、複数の語が全体として何らかの意味をもたらす場合があります。これらは、単語単位で処理しようとしてもつかめません。英文全体を捉える視野と、こういったことに注意を向けようとする意思が必要です。

目に入っている単語だけに集中してしまうと、全体的な構造や、遠く離れた別の単語とセットで使われていることに気がつかないことがよくあります。特に、「何も見落とさないようにしよう」と気合いが入っているときほど、今この瞬間に目に入っている単語だけを一生懸命に考えることになり、全体像が取りにくくなるので要注意です。また、1つの句や節が長い場合にも、全体像が一目で目に入らないため、見落としやすいので、注意してください。

さて、以上のように、読みながら理解していくためには、①の重要単語だけでなく、それ以外の項目をいかにきちんと処理するかがポイントとなります。しかしながら、①の単語に比べて②〜④の項目は大変見落とされやすいです。たとえば、inventory を読み落とす確率と、books の -s や前置詞の in に注意を払わず見落とす確率と、どちらが高いかを考えると分かると思います。

おおまかにいって、②〜④の項目は、①の単語をどのように処理すべきかという指示にあたると考えてください。

文法・構文の指示を受け取っていますか？

```
            be+ing: 進行中の動作と考えよ
        was being developed
                        be + 過去分詞：「される」だと取れ
        was: 過去の話と取れ
```

例えば、was being developed の例だと、上記の図のように、develop をどのように受け取るべきかの指示がいろいろと出ている状態と言えます。問題は、読んでいるときに、その指示に気がついて、それに従って読めるかです。もし、この指示を受け取らずに develop など①の単語ばかりに集中すれば、どう理解すべきかという指示を無視して読むわけですから、それはもう誤解したり曖昧になるのも当然と言えます。

●遅く読んでいるか

ここまで見てきたように、英文を一度で理解するためには、さまざまなことを一度で処理しなければなりません。これは慣れるまでは本当に頭に負担がかかることです。そして、これだけのことを考えるのですから、当然ながら読むのにたくさんの時間がかかるはずですね。そこで、思い出していただきたいのが、普段の自分のスピードです。

実は、一度で理解できないという方のほとんどは読むスピードが速すぎるのです。

こう書くと、意外に思う方も多いかもしれません。一度で理解できなくて何度も読み返して、理解するのに時間がかかる人は、「自分は読むのが遅い」という思いを持っているでしょう。確かに理解するまでのスピードは遅いのかもしれません。しかし、ここでいう読むスピードが速すぎる、というのは理解するまでのスピードのことではなく、最初に英文を読むときのスピードのことです。

例えば、1つの英文を読んだとき一度では理解できず、さらに2度読み返し、合計で30秒かかった場合を考えてみましょう。そして、次のような状態だったとします。

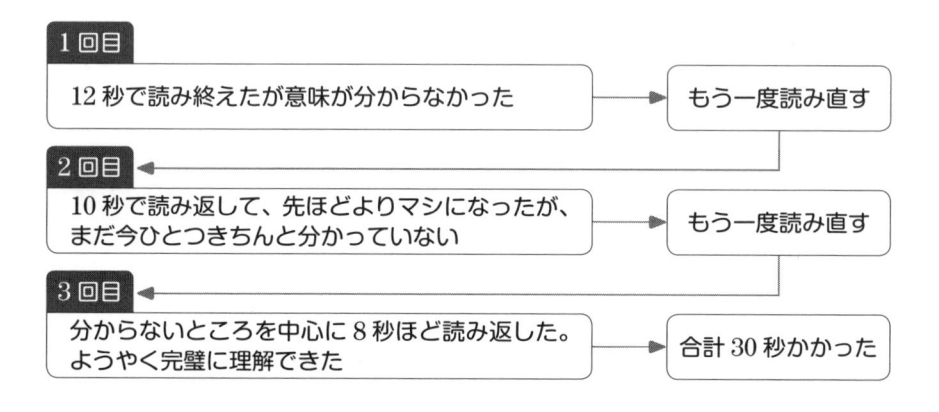

1回目	
12秒で読み終えたが意味が分からなかった	→ もう一度読み直す
2回目	
10秒で読み返して、先ほどよりマシになったが、まだ今ひとつきちんと分かっていない	→ もう一度読み直す
3回目	
分からないところを中心に8秒ほど読み返した。ようやく完璧に理解できた	→ 合計30秒かかった

たとえ一度で全てを理解しようと、何回か読み直して理解しようと、現時点でのリーディング力が変わらない限り、理解するために必要な処理を行なう時間は変わらないはずです。したがって、一度で理解しようとしても、現在の能力ではこ

の英文を理解するのに同じく30秒程度は必要なはずです。問題は、本来なら最初から30秒かけて読むべき英文を、1回目に12秒しかかけていないということですね。30秒かけないと理解できないはずの英文を、12秒という、自分の処理能力を超えるものすごいスピードで読んでいるため、処理が間に合わず、結局18秒分の情報を落としているということなのです。そして、情報を取りこぼして意味がきちんと取れないために、結局それを取りに戻る羽目になるのです。そこで、速読の練習の第一歩は

> 読むスピードを遅くする

ということになります。

英文を読むときには、自分が普段30秒かかるような文を読むなら、30秒かけて読むことを心がけてください。先ほどの例のように、30秒かかるはずの英文を1回目に12秒のスピードで読んでいる場合は、2倍は遅く読んでかまわないということです。ただし、絶対に戻り読みせず、必ず一度で全てを理解してください。

慣れていけば、これらの処理が徐々にくせになって、意識しなくてもだんだんと正確にこなせるようになります。そうなったら、もう自分が気にしなくても、頭が正確に処理してくれるので楽です。つまり、文法のことを考えながら読むのは、最終的に、考えなくても正確に処理できるようにするためなのです。そのつもりで練習してください。そして、その読み方が身についてから、だんだんと読むスピード自体を速くしていきましょう。

Check!

診断テスト13では、読みながら文法や構文を処理しているかどうかを測ります。

●本当に理解できているか

ここで、「理解する」ということについて少し考えてみましょう。英文を理解するために、単語の意味を思い出し、使われている文法や構文を考えることは大切です。しかし、英文の分析だけで安心してしまって、それで理解できたつもりになっていませんか。それだけだと、本当に理解できているかどうか分かりません。単なる語学上の理解だけでなく、内容の理解が必要です。

そこで、本当に理解できているかどうかのバロメーターとして、次のことを確認してください。

> 📖 イメージや印象があるか
> 英文で実際に言及されていることだけでなく、周りの状況や心の動きなど、行間を読み取ってイメージや印象になっていることが大切です。

> 📖 リアクションが取れるか
> 例えばメールや手紙など、自分が実生活で本当に受け取ったとしたら当然持つような感想が持てているか、そして自分ならどのように反応するかが分かっていなければなりません。

日本語で新聞や雑誌、小説など読んでいるとき、いろいろな感想を持ったり、何らかの感情がわきあがったりするはずです。ちゃんとした記事でなく、広告などでも「この商品はいいな」と思ったりするでしょう。これを試験中に英文を読んでいるときにもできるようにしてください。つまり、自分のことのように読むということです。

このような臨場感と感情移入は、理解度に大きくかかわります。試験問題だからといって、語学上の分析だけで済ませてしまうと、本当の理解にはなりません。「何を伝えたいのか」ということに対して本質的な興味が必要です。

たとえば、プライベートやビジネスなどで、自分宛に英語のメールを受け取ったとしてください。そのメールは自分にとって重大な情報が含まれているものの、英文がかなり難しいとします。

そのとき、文法や単語の意味などを調べて、英文の分析が終わっただけで満足するでしょうか。もちろん、文法や単語の意味なども考えると思いますが、それは何を言っているのかを理解するための1つの方便であり、あくまでも何を伝えたいのかを知りたいというつもりで読んでいるはずです。

ところが、長文問題などをやっていると、語学上の分析だけで満足してしまう人を見かけます。その結果、英文の意味は理解できても、今ひとつ何が言いたいのかピンと来ていないとか、皮肉なのに褒め言葉だと勘違いしたりなどといった、コミュニケーション上の問題が残る場合があるのです。

試験問題と自分宛の英文メールを区別しないように気をつけ、すべての英文は自分が当事者のつもりで、なりきって読んでください。

> **Check!**
> 診断テスト14では、戻り読みや2度読みをすることなく、どれぐらい一度で理解できるかを測ります。

診断テスト 13 ― 文法・構文を処理しているかを測る

診断テスト 13 では、読みながら文法や構文を処理しているかどうかを測ります。これは、p.109 リスニングの診断テスト 7 のリーディング版です。

英文から抜き出してきたという体裁のフレーズを読み、その意味を正確に答えるという問題です。1 セット 10 問で 2 セットあります。

読むのは一度だけです。何度も読み返して理解できたとしても意味がありません。読みながら理解して、どれだけ正確に文法・構文を処理できているかを測ります。少し遅めに読んでもかまいませんが、あくまでも一発勝負です。もし読み返したら 0.5 点減点となります。読み返すのがクセになってしまっている人は、p.312 で紹介しているように、名刺大の紙を使って、視線より 2〜3 語遅れぐらいで、読んだところを隠しながら、読み進めると良いでしょう。そして 1 問ごとに次のページにある解答欄に答えを書いてください。

また、解答欄に書く段階で分からないことに気がついても、もう英文には戻れません。その時点で書けないものは 0 点となります。

時制や、態、名詞の数など細かいところまで気をつけてください。また、読みながら日本語に訳して理解しようとしないでください。あくまでも、英語のまま意味を取り、イメージや印象に転化して、理解した内容に基づいて「ついでに」日本語にしてみる、という感じです。

テストを始める前に練習をしてみましょう。

練習

次の英語を1度だけ読み、1問ごとに次ページの解答欄に意味を書いてください。

読み返したら0.5点減点　　✓減点

1	will not have been constructed
2	a supermarket whose sales have increased by 120%
3	should have set my alarm clock
4	almost three times as many people as ～
5	Constructed in the 17th century, S+V

解答例

1	建設されてしまっていないだろう （未来完了、受動態）
2	売り上げが120%増加したスーパーマーケット （関係詞、完了形、前置詞）
3	目覚ましをセットしておくべきだった、セットしたはずだ （助動詞、完了形）
4	～のほぼ3倍多くの人々 （副詞の almost、比較）
5	17世紀に建設されて、SはVする （分詞構文。「建設されたので」でもよい）

| 解答例 | 解答を書くときは、前ページに戻らないでください。 |

1.
2.
3.
4.
5.

得点　　　　　　点

採点

最後まで解けたら、前ページの正解を見て採点してください。読み返しの減点を入れるのを忘れずに。例えば、4問正解して、読み返しによる減点が1問分あれば、点数は3.5点です。

また、設問ごとに、注意すべき文法のポイントが書いてありますので、採点の際にはそれらに気をつけて答えを確認してください。文法項目もすべて考慮に入れ、完全に意味が合っていれば1点、完全な誤答ともいえないものは、自分の主観で結構ですので0.1点きざみで点をつけてください。

段取りが分かったら、診断テストに挑戦してみましょう。目標は24問中20点です。

Test 1

		読み返したら 0.5 点減点	✓減点
1	had been incorrectly submitted		☐
2	the doctors who worked in the emergency room on Fridays		☐
3	would rather decline the invitation		☐
4	will have the manufacturers send		☐
5	must have been specified		☐
6	the least significant component		☐
7	misunderstood what was being said		☐
8	will give a lecture on French and other European languages		☐
9	unless the conference is postponed		☐
10	without having to make a reservation in advance		☐
11	is going to have the expense report checked		☐
12	has arranged for the new employees to attend the seminar		☐

解答例	解答を書くときは、前ページに戻らないでください。
1	
2	
3	
4	
5	
6	
7	
8	
9	
10	
11	
12	

得点　　　点

Test 2

読み返したら 0.5 点減点　　✓減点

1	was not as intensively covered as anticipated	☐
2	had better not be neglected	☐
3	would have undergone the treatment	☐
4	as long as the construction project is completed within a year	☐
5	will inquire as to who is attending the meeting	☐
6	Not having completed the analysis, S+V	☐
7	the inventor whose idea revolutionized the field	☐
8	put her sweater and cardigans on the suitcase	☐
9	while considering the acquired information	☐
10	a need to expand the company's influence	☐
11	vehicles specially manufactured for the developing country	☐
12	the managerial position which I applied for last week	☐

解答例 解答を書くときは、前ページに戻らないでください。

1.
2.
3.
4.
5.
6.
7.
8.
9.
10.
11.
12.

得点　　点

達成度の計算

① p.237 の採点方法に従って解答例を見て採点してください。そして、Test 1 と Test 2 の得点数を足して、合計得点を算出します。

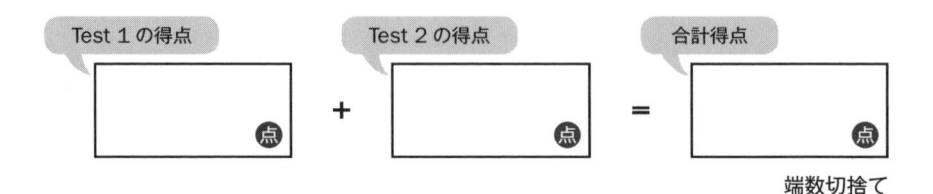

```
[Test 1 の得点]  +  [Test 2 の得点]  =  [合計得点]
     点               点                  点
                                     端数切捨て
```

② 下記の表から、診断テスト 13 の得点を求めてください。

太枠 900 点圏内

合計	得点
20 点以上	**5 点**
18 点〜19 点	**4 点**
16 点〜17 点	**3 点**
14 点〜15 点	**2 点**
12 点〜13 点	**1 点**
11 点以下	**0 点**

→ [診断テスト 13 の得点]
         点

この得点は次の診断テスト 14 の得点と合算します。

Answers - Test 1

1	間違って提出されてしまっていた （過去のある時点でのさらに過去の話）
2	毎週金曜日に緊急救命室で勤務していた医者たち （関係詞、doctors と Fridays が複数形、work が過去形であることに注意）
3	どちらかというと招待を断りたい （would rather）
4	その製造業者たちに送らせるだろう （未来形、使役動詞＋目的語＋原形、名詞の数）
5	明記されていたに違いない （助動詞＋完了形、受動態）
6	最も重要度の低い部品 （最上級）
7	言われていることを誤解した （過去形、関係詞 what、受動態の進行形）
8	フランス語やその他のヨーロッパの言語に関する講義を行なう （前置詞が on であること、lauguages が複数形であることに注意）
9	会議が延期されない限り （unless の意味、受動態）
10	事前に予約する必要なしに （have to であることが認識できるかどうかと、その意味に注意）
11	経費報告書をチェックしてもらうつもりである （時制、have ＋目的語＋過去分詞）
12	新入社員がそのセミナーに出席するよう手配してしまっている （時制、arrange for ＋ O ＋ to do）

Answers - Test 2

1. 期待されていたほど集中して取り扱われなかった（記事のトピックなど）
   （時制、比較、受動態）

2. 無視されてはいけない
   （had better の否定、受動態）

3. 治療を受けていただろうに
   （仮定法過去完了）

4. 建設プロジェクトが１年以内に終了する限り
   （as long as、受動態、前置詞 within）

5. その会議に誰が出席するのかについて問い合わせるだろう
   （時制、as to、間接疑問文）

6. 分析を終えていなかったので、S は V する
   （完了分詞構文）

7. 自らのアイデアがその分野を革命的に進歩させた発明家
   （関係詞、時制）

8. セーターとカーディガンをスーツケースの上に置く（カーディガンが複数あり、スーツケースの中ではなく上に置いたと分かっていなければ減点）

9. 入手された情報を検討する一方で
   （while は「間に」でも可）

10. 会社の影響力を拡大させる必要性
    （to 不定詞、need が名詞であるということに注意）

11. その発展途上国のために特別に製造された車両
    （過去分詞、前置詞が for であることに注意）

12. 先週私が申し込んだ管理職の仕事
    （関係詞）

診断テスト 14 ——一度で英文を理解できるかどうかを測る

診断テスト 14 では、制限時間内に英文を読んで理解できるかどうかを測ります。

タイマーを用意してください。問題ごとに語数と制限時間が書いてありますので、英文をその制限時間内に読んでください。そして、次のページにある解答欄の空欄に文意に合うように訳を書き込みます。英文を読んでいる途中で読み返してはいけません。読み返すと 0.5 点の減点となります。読み返すのがクセになってしまっている人は、p.312 で紹介しているように、名刺大の紙を使って、視線より 2～3 語遅れぐらいで、読んだところを隠しながら、読み進めると良いでしょう。

また、英文を読み終わって解答欄に移ったら、もう英文に戻ることはできません。出題される英文は、この本をご覧の皆さんなら、簡単に意味が取れる英文です。それを一度で時間内に理解できるかどうかを測る試験ですから、時間をオーバーしたり、読み返して理解できたことにしたりしても意味がありません。

制限時間は少し遅めに 1 分間に 140 語程度を読む計算で算出してあります。たとえば、14 単語の英文なら 6 秒で読むことになります。間に合わないということのないように読んでください。もし、時間が余っても読み返さないでください。

訳は言葉遣いまで同じである必要はありません。意味が合っていれば正答にしてください。得点は、1 つの訳につき、完全に合っていれば 1 点、訳抜けや微妙に意味が異なるなど、完全に正答ではないが誤答ともいえないものは 0.1 点きざみで点をつけてください。英文 1 題につき、3 つの空欄があります。1 つのテストに 8 問あります。目標は 39 点です。

まずは練習問題をやってみて、問題の要領と、1 分間に 140 語で読むペースをつかんでください。

練習

指定された秒数で英文を読んで理解してください。解答欄は次のページにあります。

1 | 32 単語　14 秒

John's mobile phone fell off the passenger's seat while he was driving to work, so when he stopped at a traffic light, he picked it up and put it in his pocket.

読み返したら減点✓

2 | 27 単語　12 秒

If the building company had finished the foundation work as scheduled, the new manufacturing plants would have been in full operation by the end of the year.

読み返したら減点✓

解答例

1. Johnが職場に向かって車を運転している間に彼の携帯電話が助手席から落ちた。それで彼は信号で止まったときそれを拾ってポケットに入れた。
   * fall off「～から落ちる」

2. もし建設業者がスケジュール通りに基礎工事を終わらせていれば、その新しい製造工場は今年の終わりまでに全面稼動していただろうに。
   *新しい製造工場が複数あると分かっていなければ減点

英文の意味を下記に書いてください。英文に戻ってはいけません。

1

Johnが職場に向かって車を運転している間に彼の携帯電話が

どうする
1 _____。それで彼は **どうする** 2 _____ とき

何をして何をした
3 _____。

2

もし建設業者が **どのように** 1 _____ に基礎工事を

終わらせていれば、**何は** 2 _____ は

今年の終わりまでに **どうする** 3 _____ だろうに。

得点 ☐ 点

採点

最後まで解けたら、正解を見て採点してください。読み返しの減点を入れるのを忘れずに。例えば、5問正解して、読み返しによる減点が1問分あれば、点数は4.5点です。

解答は日本語訳と同一でなくても、意味が合っていれば正答にしてください。得点は1マスにつき1点で、完全な誤答とはいえないものは0.1点きざみで点をつけてください。

段取りがつかめたら、診断テストに挑戦してみましょう。目標は48点中39点です。

Test 1

16 単語　7 秒

1. The three-day conference was brought to a close by a passionate speech from the chairman.

　　　　　　　　　　　　　　　　　　　読み返したら減点✓

27 単語　12 秒

2. When the maintenance staff went to fix the machine that was reported to be out of order, they found that the factory manager had already sent it to the manufacturer.

　　　　　　　　　　　　　　　　　　　読み返したら減点✓

25 単語　11 秒

3. While reading through the share price reports in the newspaper, the fund manager suddenly thought of a novel way to increase his clients' returns.

　　　　　　　　　　　　　　　　　　　読み返したら減点✓

22 単語　10 秒

4. The lawyers for the two companies will be going through the details of the contract at their meeting on Tuesday morning.

　　　　　　　　　　　　　　　　　　　読み返したら減点✓

1.
   [1: どんな何は] は [2: 何の] の情熱的な
   スピーチによって [3: どうする] 。

2. メンテナンススタッフが [1: どんな] 機械を
   修理しに行ったとき、彼らは工場長がそれを [2: 何に] に
   [3: どうする] ことを知った。

3. そのファンドマネージャーは、新聞の株価欄を読んでいるとき、顧客の
   [1: 何をどうする] ための [2: どんな何を] を
   [3: どのようにする] 。

4. その二つの会社の [1: 何は] は、火曜日の朝の会合で
   [2: 何の何を] を [3: どうする] 。

5 | 22 単語　10 秒

This area of forest, which was destroyed by fire several years ago, is starting to regrow thanks to a tree-planting project.

読み返したら減点 ✓

6 | 30 単語　13 秒

The product presentation, which had been due to take place that afternoon, seems to have been postponed because someone had forgotten to inform several of the participants about it.

読み返したら減点 ✓

7 | 23 単語　10 秒

The sales representatives thought that they might be able to resolve the trouble with the customer by the end of the week.

読み返したら減点 ✓

8 | 21 単語　9 秒

The bank will not agree to provide a loan for the building of the new plant unless you make some changes to your proposal.

読み返したら減点 ✓

5　この辺りの森林は数年前に １[どうする]　　　　　　　　　が、２[何で]　　　　　で ３[どうする]　　　　　。

6　１[何は]　　　　　は、その日の午後に行われることになっていたのだが、誰かがそのことを ２[何に]　　　　　に知らせるのを忘れていたので、３[どうする]　　　　　。

7　１[何は]　　　　　は、２[どんな何を]　　　　　を今週末までに ３[どうする]　　　　　と考えていた。

8　もしあなたが自分の計画に １[何をどうする]　　　　　れば銀行は ２[何の何に]　　　　　に ３[何をどうする]　　　　　。

得点　　　点

Test 2

1 | 22単語 10秒

To increase production to a level at which our company could satisfy demand would take a major investment in new manufacturing equipment.

読み返したら減点✓

2 | 20単語 9秒

The town would have to improve its inadequate road infrastructure if it wanted to attract more businesses to operate there.

読み返したら減点✓

3 | 23単語 10秒

The board of directors concluded that it would be advisable to employ an outside consultant to supervise the design work on the company's new headquarters.

読み返したら減点✓

4 | 21単語 9秒

The travel guide describes the breathtaking scenery which can be seen from the train as it passes through the famous valley.

読み返したら減点✓

1	我が社が **1** [何を何する_____] レベルにまで生産を増やすことは **2** [何への_____] への **3** [どんな何が_____] が必要となるだろう。
2	もし、より多くの企業にそこで **1** [どうする_____] れば、その町は **2** [どんな何を_____] を **3** [どうする_____] だろう。
3	取締役会は、会社の **1** [何の何を_____] を監督してもらうために、**2** [どんな何を_____] を **3** [何することが何である_____] と結論づけた。
4	**1** [何は_____] は、列車が **2** [何をどうする_____] ときに、そこから見える **3** [どんな何を_____] を紹介している。

20 単語　9 秒

5. The new financial director worked hard to reduce any unnecessary expenses, and this had a significant effect on profits.

　　　　　　　　　　　　　　　　　　　　読み返したら減点✓ ■

20 単語　9 秒

6. The region, which is situated between two famous universities, has become the location of many new information technology companies.

　　　　　　　　　　　　　　　　　　　　読み返したら減点✓ ■

19 単語　8 秒

7. The agreement reached by the two companies involved promoting each other's products, as well as sharing financial resources.

　　　　　　　　　　　　　　　　　　　　読み返したら減点✓ ■

21 単語　9 秒

8. The management has been informed of the changes in labor law and will change all of their employees' contracts accordingly.

　　　　　　　　　　　　　　　　　　　　読み返したら減点✓ ■

5　新しい財務担当取締役は、[1 どんな何を]も[2 何する]ために懸命に取り組んだ。そして、このことが利益に[3 何をどうする]。

6　その地域は、[1 どこに]に位置しており、数多くの[2 何の]の[3 何]となっている。

7　[1 どんな何は]は、[2 何をどうすること]に加えて、[3 何をどうすること]を含んでいた。

8　経営陣は[1 何の何を]を[2 どうする]ており、それにしたがって、[3 どんな何を]を変更するだろう。

得点　　点

達成度の計算

1 p.247 の採点方法に従い解答例を見て採点してください。そして、Test 1 と Test 2 の得点を足して、合計得点を算出します。

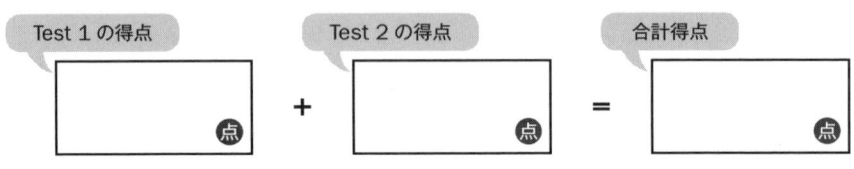

Test 1 の得点 □点 ＋ Test 2 の得点 □点 ＝ 合計得点 □点

端数切捨て

2 下記の表から、診断テストの得点を求めてください。この得点が、そのまま条件 10 のスコアとなります。p.318 のチェックシートに書き写しましょう。

太枠 900 点圏内

合計	得点	合計	得点
39 点以上	**10 点**	30 点～31 点	**4 点**
36 点～38 点	**9 点**	28 点～29 点	**3 点**
35 点	**8 点**	25 点～27 点	**2 点**
34 点	**7 点**	22 点～24 点	**1 点**
33 点	**6 点**	21 点以下	**0 点**
32 点	**5 点**		

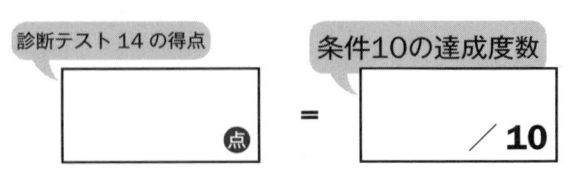

診断テスト 14 の得点 □点 ＝ 条件 10 の達成度数 □／10

この結果を持って p.318 のスコアシートに Go ➡

Answers - Test 1

1. 3日間の会議は、議長の情熱的なスピーチによって締めくくられた。
★ bring ~ to a close「~を終わらせる、閉会する、締めくくる」

2. メンテナンススタッフが、故障していると報告があった機械を修理しに行ったとき、彼らは工場長がそれを製造業者にすでに送ってしまっていたことを知った。★ out of order「故障中で」

3. そのファンドマネージャーは、新聞の株価欄を読んでいるとき、顧客の収益を増やすための斬新な方法を突然思いついた。
★ think of「~を思いつく」、return「(投資などの)収益」

4. その2つの会社の弁護士たちは、火曜日の朝の会合で契約書の詳細を検討することになっている。
★ go through「検討する」、弁護士が複数いることに注意

5. この辺りの森林は数年前に火事で消失してしまったが、植樹プロジェクトのおかげで再生し始めている。

6. その製品のプレゼンテーションは、その日の午後に行われることになっていたのだが、誰かがそのことを参加者の数人に知らせるのを忘れていたので、延期されたようである。

7. その営業担当者たちは、顧客とのトラブルを今週末までに解決できるかもしれないと考えていた。★ representatives が複数形だと認識できていなければ減点

8. もしあなたが自分の計画にいくつかの変更を行わなければ、銀行は新しい工場の建設のためにローンを融資することに同意しないだろう。
★この場合の building は「建設(すること)」

Answers - Test 2

1 我が社が需要を満たすことができるレベルにまで生産を増やすことは新しい製造機器への大規模な投資が必要となるだろう。
 ★この場合の take は「〜を必要とする」

2 もし、より多くの企業にそこで操業してもらいたいのであれば、その町は不十分な道路施設を改善しなければならないだろう。

3 取締役会は、会社の新しい本社の設計業務を監督してもらうために、外部のコンサルタントを雇うことが望ましいと結論づけた。

4 その旅行ガイドは、列車がその有名な谷を通り過ぎるときに、そこから見える息を呑むほどに美しい景色を紹介している。

5 新しい財務担当取締役は、いかなる不必要な経費も削減するために懸命に取り組んだ。そして、このことが利益に多大な効果を与えた。

6 その地域は、2つの有名大学の間に位置しており、数多くの新しいIT企業の所在地となっている。

7 その2つの会社が結んだ協定は、金融資産を共有することに加えて、互いの製品を販売促進することを含んでいた。

8 経営陣は労働法の変更を知らされており、それにしたがって、全社員の契約を変更するだろう。

> コラム

問われる国語力

長文読解は、英語という外国語を理解するだけでなく、書いてある内容自体を理解しなければ解くことができません。そして、内容を理解するというのは、国語力とも密接に関係しています。

たとえば、中学校や高校のとき、国語の試験で「下線部の『これ』は何を指すか述べなさい」とか「著者の主張としてもっとも適しているのは、次のどれかを選びなさい」といった問題を解いたことがあると思います。もし、今の時点でもこのような問題が苦手な場合、日本語でも苦手なのですから、英語でうまくできるわけがありません。"this" が何を指しているのかを取り間違えることや、書き手が何を言いたいのかも曖昧なまま読むことになってしまうのです。

これは、使われている単語や文法が分かるとか、正確に訳せるということとは異なります。現代文の試験でも、知らない言葉が出てきて困るわけでも、個々の文自体が理解できないわけでもないはずです。つまり、必要になるのは、書かれている文を読んで相手の言いたいことを理解する能力、いわば、言語力と言えます。当然ながら、英語を理解する能力は母国語である日本語を理解する能力よりも低いはずです。そのため、もし日本語で曖昧にしか分からないような内容の文は、英文で読んだときにはそれ以下の深さでしか理解できないのです。

結局、読んで理解するというのは、日本語でも英語でもやっていることは同じなのです。英語の練習はレベルが上がるほど国語の練習と近くなるということを忘れないでください。

900点の条件 11

長文の内容を覚えているので、
長文に戻らなくても答えが分かる

●長文に戻らずに答えが分かるか

長文問題を時間内に正確に解くためには、読んで理解するスピードを上げるだけではなく、問題を解くスピードを上げることも必要です。

実際の試験において、

① 長文を読む
② 設問を読む
③ 長文に戻って答えを探す
④ 選択肢と付き合わせて解答

というステップで問題を解くとき、①だけでなく、③でもかなりの時間を使っています。どこに答えがあるのだろうと、探してもなかなか見つからないという経験をした方も多いでしょう。そのため、この時間を減らせば、全体として解答までの時間を短縮することができます。

③にかかる時間を減らすのに最も効果的なのは、内容を覚えておくということです。内容を覚えておけば、設問を読んだときに、長文に戻って答えを探す必要がなくなり、③にかかる時間はほぼ0になります。念のために長文に戻ったとしても、答えの確認だけで済むので、その分だけスピーディに解くことができます。

1つの長文には2～5問の設問が付属しています。もしきちんと長文の内容を覚えることができれば、この2～5問の設問を解くスピードが上がるわけですから、全体としては相当のスピードアップになるのです。
ただし、英文さえ理解できれば自動的に内容が覚えられる、というわけではあり

ません。リスニングの Part 4 と同じように、「読んでいるときには理解できたと思ったのに、内容を覚えていない」ということは起こります。

日本語なら、理解するのに力を使いませんし、イメージや印象がしっかりと残りますから、「覚えよう」と思わなくても、きちんと理解していれば自動的に頭に残ります。しかし、英語の場合は、1 つの英文を理解するのに、単語の意味や文法などさまざまなことを考える必要があり、そのために覚えることに注意が向かないことや、イメージや印象に昇華しにくいのです。そうならないように、英文を読んでいる最中には、全体像をつかみながら、イメージや印象が残るように読むように心がけてください。

また、いくら覚えることが重要だとは言っても、出てきた順番に英文を丸暗記するというのは、無理があるうえに効果的とはいえません。それはちょうど何の関連もないバラバラの英文を丸暗記するのと同じことになってしまいます。内容を覚えるために必要なのは、全体像をつかみ話の流れを把握することです。長文全体をあたかも 1 本の動画にする感じで読みましょう。

全体的な流れを把握していると、これまで読んだところがヒントになり、それ以降の文が読みやすくなります。2 つ目の文を読むときには、最初の文の内容をふまえて読む。3 つ目の文を読むときには、1 つ目と 2 つ目の文の内容をふまえて読む、というように、かならず前を背負って後を読むというか、前に書いてあった内容をふまえてそれをヒントにしながら、次の文を読むように心がけてください。

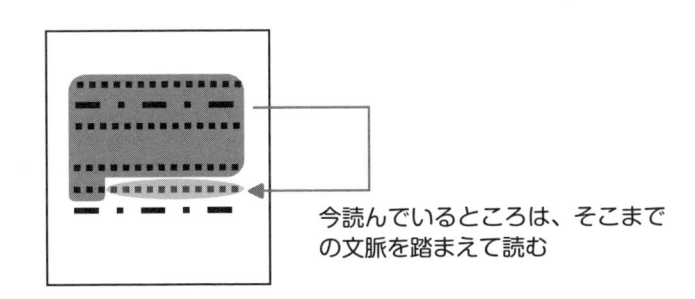

今読んでいるところは、そこまでの文脈を踏まえて読む

リーディングが苦手な方ほど、今読んでいるところだけしか頭になく、そこまでの内容が、今読んでいる個所を理解するための助けとなっていないようです。

話の流れを覚えていれば、自動的にどこに何が書いてあったかもある程度覚えることになるので、答えを探す検索能力が向上します。

何百ページもあるような長い小説でも、たとえば「主人公がこんなセリフを言った場面」のページを出すのは比較的簡単ではないでしょうか。それは、話の流れを覚えていて、だいたいどのあたりでその話が出てきたか覚えているからですね。そして、これができるならTOEICの長文のようなペーパーバック1ページにも満たないような短い文章から必要な情報を探し出すのは難しくないはずです。

特にDouble Passageでは、2つの長文のうち、どちらに必要な情報が書いてあったのかを覚えていないと、2つとも読み返す羽目になってしまいますので、話の流れを覚えておくことは重要なのです。

●選択肢を読まなくても答えが分かるか

さらに、内容を覚えていれば、設問を読んだ瞬間に選択肢を読まなくても正解がわかるようになります。

「次のうちどれが述べられていますか」というような問題は選択肢まで読まないと解けませんが、「Mr. Smithはなぜ転勤することを希望しているのですか」といった、具体的な内容を問う問題であれば、選択肢を読まなくても即答できるはずです。

基本的には、日本語で覚えられる内容なら、英語でも覚えられるはずです。日本語で書かれていても英語で書かれていても、言語が異なるだけで、書いてある情報量は同じなのですから、記憶力とは無関係です。逆に言えば、選択肢の助けを借りなければ答えられないようでは、分かったつもりでも長文の意味を深く理解できていない可能性があります。

もちろん、数値や日付など、日本語で読んでも覚えられない項目は、覚える必要はありませんし、覚えようとしても無理でしょう。しかし、たとえ数値や日付などを問う問題でも、話の内容さえ覚えておけば、答えが書かれている場所を探すのが早くなり、何の数値だったのかを把握するのも速くなるため、やはり効果的なのです。

もし設問を読んだだけで答えがわかれば、自分が考えた答えと同じものを選択肢から選ぶだけですから、答えを考えるという作業が終わった状態で選択肢を読むことになります。つまり、④のステップにかかる時間も短縮できるのです。

Part 7 は、聞き返すことができないリスニングの Part 4 と比べて、同じ長文の処理でも、内容を覚えるのはそれほど重要ではありません。しかし、設問ごとに答えを求めて長文を読み返すのは時間の無駄です。したがって、どれだけ戻らずに答えられるか、または、瞬時に戻ることができるかが、時間内に終わらせるため、そして他の難しい設問に時間を回すためには必要なのです。

> **Check!**
>
> それでは、次ページからの診断テスト 15 を使って、一度読んだだけでどれくらい内容を覚えておくことができるかを測ってみましょう。

診断テスト 15 ── どれくらい内容を覚えているかを測る

診断テスト 15 では、長文を読んでどれくらい内容を覚えているかを測ります。通常の Part 7 の問題を制限時間内に解いてください。ただし、一度長文を読んだらもう読み返すことはできません。設問を解く時にも何も見ずに答えてください。また、設問を先に読んでから長文を読むのではなく、長文を読んでから設問を解いてください。

問題の内訳と制限時間は次の通りです。

Test 1：Single Passage 10 問 制限時間 10 分
Test 2：Double Passage 10 問 制限時間 10 分 50 秒

目標は、20 問中 17 問正解です。

Test 1

制限時間 10 分

Questions 1 - 3 refer to the following e-mail.

To: All Employees
From: Jenny Langford
Date: 12/03/11
Re: Annual Staff Party

This is to remind everyone that the annual staff party is to going to take place on March 31. This year's organizing committee has arranged an evening that will consist of a formal dinner and dance on the cruise ship, Washington. The music for the event will be provided by the same jazz band that played at the annual event three years ago. The cruise will depart from Westbury Pier at 6:30 p.m. and return at 11:30 p.m. A bus, departing at 5:45, is being provided to ferry people from the company to the pier. However, people can also go straight to the pier if they wish.

People attending the party can start boarding at 6 p.m., and please make sure to be punctual because the ship won't wait for anyone.
The price of the ticket is $30, and this includes food and drink for both the staff member and one guest. Reservations have to be made in person by going to see Sarah Reed in the administration department before March 19 and buying a ticket. As numbers are limited and tickets will be issued on a first-come first-served basis, you are encouraged to get your ticket as soon as possible.

I hope to see you there.

長文に戻ることなく次の問題を解いてください。

1. What is the main concern of this memo?
    (A) A staff party
    (B) A cruise ship
    (C) A music concert
    (D) The organizing committee

2. How can a reservation be made?
    (A) By calling someone in the administration department
    (B) By showing up at the venue
    (C) By sending someone to meet Sarah Reed
    (D) By purchasing a ticket

3. According to the passage, what is Washington?
    (A) Company CEO
    (B) A boat
    (C) A jazz band
    (D) A bus stop location

Questions 4 - 5 refer to the following letter.

Mr. Edwards
94 Eastland Street,
Boston

February 17, 2012

Dear Mr. Edwards,

Thank you for coming in for an interview last Thursday. The interview panel were most impressed by you. However, we feel that we cannot offer you the job of Software Engineer that you applied for. With your earlier experience in computer maintenance and your current work in software design, we think that you would be over-qualified for the job.

However, due to an unexpected retirement, the post of Manager of the Computer Department has become available. As you have experience in the multiple fields of computer work required for this job, we would be very interested in you applying for the position. You would be responsible for running the computer department, delegating tasks to technicians, overseeing the development of new software, and controlling the division's finances.

Please contact me at (617) 561-5555 if you are interested.

Sincerely,

Sandra Peaks,

長文に戻ることなく次の問題を解いてください。

4. Why did Mr. Edwards not get the position as Software Engineer?
   (A) His interview did not go well.
   (B) He would not be able to delegate responsibility.
   (C) He had too much knowledge and experience.
   (D) It had already been filled by someone else.

5. Why does Sandra Peaks want Mr. Edwards to apply for the management job?
   (A) Because he is not good enough for the other position.
   (B) Because he is over-qualified for the managerial position.
   (C) Because the previous manager was transferred.
   (D) Because he has experience in more than one field.

Questions 6 - 7 refer to the following memorandum.

Memorandum

To: R & D Department
Date: 01/14/02
Re: Personal Internet Usage

During the managers' meeting yesterday, I was informed that employees within this department have been accessing the Internet for personal reasons during business hours. Jane Harding, the head of the IT department has told me that this should stop because of the unnecessary security risk it creates for our computer network. I would like to add that I am also disappointed that so many in the department feel that it is acceptable to waste company time on such things.

Jane Harding further informed me that if this continues not only will those involved face disciplinary action but also that she will have to take security measures that will greatly restrict this department's access to the Internet.

In the past the company has taken a relaxed view on this, but clearly this is being abused and so it has to stop. I'm sure I don't need to mention how much more difficult our job would be if we were unable to use the Internet for our work.

David Brearly
R & D Manager

長文に戻ることなく次の問題を解いてください。

6. What is the main purpose of the memo?
　　(A) To reduce the use of the Internet for company business
　　(B) To inform everyone of a coming managers' meeting
　　(C) To stop members of staff from misusing their Internet access
　　(D) To announce the shutdown of the computer network

7. What will happen if staff do not obey this warning?
　　(A) The department may have more difficulty using the Internet.
　　(B) A managers' meeting will be called by Jane Harding.
　　(C) The computer network will be shutdown.
　　(D) Mr. Brearly will face disciplinary action.

Questions 8 - 10 refer to the following e-mail.

From: Mrs. Brentwood, Administration Manager
To: Administration Department Staff
Subject: Acton Office Supplies/Fast Office takeover
Sent: Mon 8/18 12:30 AM

Acton Office Supplies, the company that has been supplying our office needs for the last ten years, has just been taken over by their main competitor, Fast Office.

The management at Fast Office have assured me that, although there may be some changes in how the service is provided, they would like to continue to provide us with the best possible service at the kind of prices we have been used to.

Until the end of the year, we can continue to order as we have been, using the Acton Office Supplies catalogs and the telephone ordering system. After that, the telephone system is being phased out, and orders will only be taken on-line. I would encourage everyone involved in purchasing office supplies to get used to the on-line service as soon as possible. Therefore, I will be sending a memo with the login details for our company to those authorized to make purchases as soon as they have been confirmed.

長文に戻ることなく次の問題を解いてください。

8. Why was this e-mail sent?
   (A) To encourage people to buy more office supplies from Acton Office Supplies
   (B) To inform staff about a change with one of their suppliers
   (C) To tell of Acton Office Supplies' takeover of Fast Office
   (D) To save costs on purchasing office supplies

9. What assurance has Fast Office provided?
   (A) That the service will improve.
   (B) That the on-line service would be available soon.
   (C) That they will try to keep prices the same.
   (D) That the catalogs will be sent by the end of the year.

10. What does Mrs. Brentwood encourage?
   (A) Administration staff to order new catalogs.
   (B) Purchasing staff to check out an on-line service.
   (C) Employees to set up login details for the on-line service.
   (D) Staff to make full use of a telephone ordering service.

Test 2

制限時間 10 分 50 秒

Questions 1 - 5 refer to the following advertisement and e-mail.

Snack World Ltd. has just finished a large-scale renovation of its factory production lines and is now offering factory tours for representatives of retail stores. Visitors will receive a selection of confectionery that is to be put on sale this autumn, and all the confectionery products currently on the market can be sampled.

Tours are available on the following schedule.

From Monday to Friday: Visitors can tour the factory including fully operating production lines, and the product sampling corner is open.

On 2nd and 4th Saturdays (Factory-wide inspection days): Visitors can tour the factory but the production lines are off-line and the product sampling corner is closed.

The company cafeteria is open from 11:00 to 14:00 on all these days, but the menu will be limited on Saturdays. There are no tours on any other days as the business is closed.

Reservations can be made by telephone, fax or e-mail stating the number of visitors, the name of the person in charge of the group, and the desired date of your visit. If you wish to cancel a tour, please call the factory reception desk before or on the day of the tour.

For security purposes, the leader of your party needs to bring some identification, such as company ID badge or driver's license.

The taking of photographs is generally permitted except in areas where there are "No Photographs" signs.

From: Ethan Williams, Omega Market
To: Snack World Ltd.
Subject: Inquiry about your factory tours
Date: September 27

Dear Sir/Madam,
I am writing to inquire about the factory tours advertised on your website.

We are planning to apply for a tour, but with 60 employees already showing an interest in attending, I would like to know if such a large group can be accommodated, and if all of our group can use your company cafeteria at the same time.

If necessary, we can split into a couple of groups and visit on different days. October 29th would be the most convenient for us, but if the tour is not available on that day, or is already fully booked, any Tuesday except November 6th would be OK as well. However, we do need to complete our tour before the start of the holiday season.

We are very interested in your products, and are excited at the prospect of visiting your factory.

I look forward to hearing from you soon.

Ethan Williams
Purchasing Department Manager

長文に戻ることなく次の問題を解いてください。

1. Which of the following statements about Omega Market is true?
   (A) It is inviting its employees to go on a factory tour.
   (B) About 60 people have attended the tour.
   (C) Its employees have to take a tour on the same day.
   (D) It wants to have its tour during the holiday season.

2. According to the advertisement, which of the following statements is true?
   (A) New snacks are available at discount rates.
   (B) Their new products will be on sale in the autumn.
   (C) Factory tours are limited but available on Sundays.
   (D) Everyone attending the tour needs to bring their identification.

3. What can be inferred from the advertisement and e-mail?
   (A) Employees of Omega Market are interested in Snack World's products.
   (B) Snack World also offers factory tours for private individuals.
   (C) The factory is in operation on Sundays.
   (D) Snack World is planning a large-scale renovation.

4. How can a reservation for a tour be canceled?
   (A) By calling head office
   (B) By sending an e-mail
   (C) By sending a fax
   (D) By calling the factory

5. What is suggested about taking photos during the tour?
   (A) Photographs are not allowed during the tour.
   (B) Photographs can be taken anywhere in the factory.
   (C) Tour participants have to ask for permission.
   (D) There are several places where photographs are allowed.

Questions 6 - 10 refer to the following advertisement and e-mail.

Technical Consultant Needed

Maple Law Firm, a law firm in Vancouver is looking to employ a technical consultant to help with patent work.

The ideal candidate should have 3-5 years' experience in patents and other legal work associated with inventions, an advanced degree in engineering, and working experience in a field of modern technology, e.g., computer software, etc. Fluency in French is essential, and the ability to read and write another foreign language would be desirable.

Send resume by e-mail to Greg Walters at greg.walters@patentlaw.com.

From: John Randal
To: Greg Walters
Subject: Technical Consultant Position

Dear Mr. Walters,

I am writing to you in response to the advertisement for a Technical Consultant that appeared in the October Edition of Legal News. I believe that my experience and background make me an ideal candidate for the position.

After graduating from university with a Master's in Electrical Engineering, I worked at designing and writing computer software for industrial uses before going to work as a technical analyst at the European Patent Institution. My work there required that I work in three languages: English, French and German. Due to my time living in the Netherlands, I am also fluent in Dutch.

After marriage, I moved with my American wife to California, where I studied patent law, and I have been working as a technical consultant for a law firm in San Francisco for the last five years. Due to my wife's work, we are moving to Vancouver in January of next year, and I am looking to continue working in this field.

I have attached my resume and very much look forward to having the chance to meet you.

Sincerely,
John Randal

長文に戻ることなく次の問題を解いてください。

6. In what ways does Mr. Randal satisfy the job's requirements?
   (A) He has worked in Europe.
   (B) He has worked in the software industry.
   (C) He is moving to Vancouver.
   (D) He used to live in the Netherlands.

7. Where is Mr. Randal currently employed?
   (A) At the European Patent Institution
   (B) In the electrical engineering department
   (C) At a law firm in San Francisco
   (D) At a company that writes and designs software

8. Which of the following is NOT stated as being required for the job?
   (A) Working experience in a modern technology field
   (B) An advanced degree in an engineering field
   (C) Several years of experience in patents
   (D) Working experience in a Vancouver law firm

9. What reason for Mr. Randal's job application is implied in the e-mail?
   (A) He has just moved from Europe.
   (B) He is moving to Canada because of his wife's work.
   (C) He wants to work in San Francisco.
   (D) He wants to study patent law.

10. What foreign language skills does the applicant need to get the job?
   (A) German and fluent Dutch
   (B) Fluent French and one other language
   (C) French, German and Dutch
   (D) French only

達成度の計算

1 Test 1 と Test 2 の正答数を足して、合計正答数を算出します。

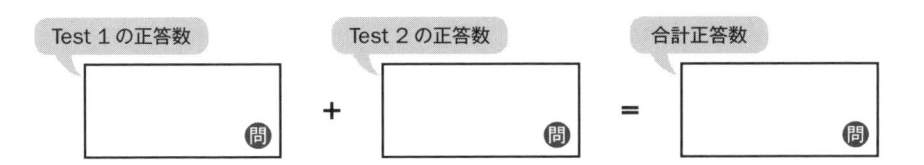

Test 1 の正答数　＋　Test 2 の正答数　＝　合計正答数
（問）　　　　　　　（問）　　　　　　　（問）

2 下記の表から、診断テストの得点を求めてください。この得点が、そのまま条件 11 のスコアとなります。p.318 のチェックシートに書き写しましょう。

太枠 900 点圏内

正答数	得点	正答数	得点
17 問以上	**10点**	12 問	**5点**
16 問	**9点**	11 問	**4点**
15 問	**8点**	10 問	**3点**
14 問	**7点**	9 問	**2点**
13 問	**6点**	8 問	**1点**

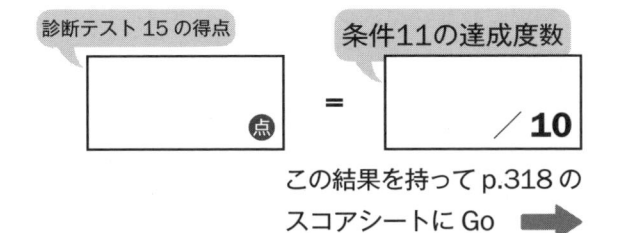

診断テスト 15 の得点　＝　条件11の達成度数
（点）　　　　　　　　　　　／ **10**

この結果を持って p.318 のスコアシートに Go ➡

Answers - Test 1

問題 1-3 は次の E メールに関するものです。

あて先：全従業員
差出人：Jenny Langford
日付：12/03/11
件名：毎年恒例の社員パーティ

みなさんにお知らせです。3月31日に、毎年恒例の社員パーティが行なわれます。
今年の組織委員会はクルーズ船 Washington 号上でのフォーマルなディナーとダンスの夜を企画しました。この催し物で音楽を提供するのは、3年前にこの毎年のイベントで演奏したのと同じジャズバンドです。船の旅は Westbury 埠頭を午後6時30分に出て、午後11時30分に戻ります。会社から埠頭までの移動のためにバスが用意され、午後5時45分発です。しかしながら、直接、埠頭に行っていただくことも可能です。

パーティに出る人は午後6時から乗船していただくことができます。船はどなたも待つことができないので、時間厳守でお願いします。

チケットの価格は30ドルで、これは社員1人と同伴者1人の料理と飲み物が含まれます。予約は3月19日までに、直接本人が総務部の Sarah Reed に会いに行ってチケットを購入しなければなりません。数が限られており、チケットは先着順に発行されますので、できるだけ早く手に入れましょう。

現地でお会いできるのを願っています。

1. 正解　**(A)**

このメモは主に何についてですか。
(A) 社員のパーティ
(B) クルーズ船
(C) 音楽のコンサート
(D) 組織委員会

> 全体的に社員のためのパーティについて述べているので、(A) が正解。(B)(C)(D) についても本文では言及されているが、これが主な目的ではない。

2. 正解　**(D)**

どうすれば予約できますか。
(A) 総務部の誰かに電話することによって。
(B) 会場に行くことによって。
(C) 誰かを Sarah Reed に会いに行かせることによって。
(D) チケットを購入することによって。

> Reservations have to be made 以下で、Sarah Reed に会いに行ってチケットを買うことによって予約しなければならないと書かれているので (D) が正解。

3. 正解　**(B)**

記事によると、Washington とは何ですか。
(A) 会社の CEO
(B) 船
(C) ジャズバンド
(D) バス停

> 4 行目に the cruise ship, Washington とあるので、(B) が正解。固有名詞をほとんど読まない学習者を見かけるが、固有名詞は重要な意味を持ったり、イメージを持つのに役に立ったりするので、必ずきちんと読むこと。

問題4-5は次の手紙に関するものです。

Mr. Edwards
94 Eastland Street,
Boston

2012年2月17日

Edwards 様

先週の木曜日には、面接にお越しくださりありがとうございます。面接委員一同はあなたに大変感銘を受けました。しかしながら、私どもはご応募されたソフトウェアエンジニアの職をあなたに提供できないと感じています。コンピューター保守におけるあなたのこれまでのご経験、ならびにソフトウェア設計における現在のお仕事を考えると、あなたはこの職には資格がありすぎると考えています。

しかしながら、予期せぬ退職により、コンピュータ部の部長職に空きが出ています。あなたはこの職に必要とされている、コンピューター関係の複数分野における経験をお持ちですので、あなたにこの仕事へ応募していただけたらと考えています。仕事を技術者たちに割り当て、新しいソフトウェアの開発を監督し、部の財務を管理しながら、コンピューター部門の運営に責任を持つことになります。

ご興味があれば、(617)-561-5555 まで私に連絡してください。

草々

Sandra Peaks

4. 正解 (C)

なぜ Mr. Edwards はソフトウェア技術者の仕事を得られなかったのですか。
(A) 彼の面接がうまく行かなかったから。
(B) 責務を人に任せることができないだろうから。
(C) 知識と経験を持ちすぎていたから。
(D) だれか別の人が採用されたから。

> 第1パラグラフの最後に over-qualified「必要以上の経験・能力を持つ（ためにふさわしくない）」とある。つまり、この仕事に必要とされるレベルを過剰に超えるような、知識や能力、学歴、経験などを持つということなので (C) が正解。

5. 正解 (D)

なぜ、Sandra Peaks は、Mr. Edwards に管理職に応募してもらいたいのですか。
(A) もう1つの仕事には彼の力が足りないから。
(B) 管理職には資格がありすぎるから。
(C) 前部長が異動となったから。
(D) 彼は2つ以上の分野で経験があるから。

> 管理職に応募してもらいたい理由として、as you have experience 以下で、コンピューター業務における複数の分野での経験を挙げている。よって (D) が正解。

問題6-7は次のメモに関するものです。

メモ

宛先： R & D Department
日付： 01/14/02
件名： インターネットの個人的使用

私は昨日の部長会議で、この部の社員たちが、勤務時間中に私用でインターネットにアクセスしていると知らされました。IT部の部長、Jane Hardingは、このことでコンピューターネットワークに不必要なセキュリティ上のリスクが生じるため、これをやめなければならないと私に告げました。これに加えて、私自身もまた、部員の多くがそのようなことに勤務時間を無駄にしても許されると感じていることに失望しています。

Jane Hardingはさらに、もし、これが続くようであれば、関わった者は懲戒処分を受けるだけでなく、我が部のインターネットへのアクセスを著しく制限するようなセキュリティ対策を取らなければならなくなるだろうと、私に知らせました。

過去においては、当社はこの件について緩やかな考えを持っていましたが、しかし明らかにそれが悪用されており、それをやめさせなければなりません。仕事でインターネットを使うことができなければ、どれほど私たちの仕事が困難になるのかは言うまでもないことだと思います。

David Brearly
研究開発部長

6. 正解　**(C)**

このメモの主な目的は何ですか。
(A) 会社のビジネスのためのインターネットの使用を減らすため。
(B) まもなく行なわれる部長会議について全員に知らせるため。
(C) スタッフたちにインターネットを乱用するのをやめさせるため。
(D) ネットワークのシャットダウンを知らせるため。

> メモは、インターネットの個人的使用をやめるように求めるために書かれているので、(C) が正解。

7. 正解　**(A)**

社員がこの警告に従わない場合は、何が起こりますか。
(A) この部署がインターネットを使用するのが難しくなる。
(B) Jane Harding により、部長会議が招集される。
(C) コンピューターネットワークがシャットダウンする。
(D) Mr. Brearly が懲戒処分を受ける。

> 第2パラグラフで、警告に従わない場合の処置が書かれている。この部署に対してインターネットへのアクセスを大幅に制限すると述べられているので、(A) が正解。

問題 8 - 10 は次の E メールに関するものです。

差出人：Mrs. Brentwood 総務部長
あて先：総務部社員
件名：Acton Office Supplies/Fast Office の買収
送信日時：8/18 月曜日 午前 12:30

過去 10 年にわたり、わが社のオフィス用品を供給してきた Acton Office Supplies が、その主要な競争相手である Fast Office によって、買収されました。

Fast Office の経営陣が私に確約してくれたところでは、サービスの提供方法に変更があるかもしれないが、可能な限り最高のサービスを、私たちが馴染んできた価格で、提供し続けたいとのことです。

今年末までは、Acton Office Supplies のカタログと電話注文システムを使って、これまで通りに注文し続けられます。その後は、電話システムは段階的に廃止され、注文はオンラインのみになります。オフィス用品の購入に携わる方全員に、できる限り早くオンラインサービスに慣れていただきたいと思います。このため、確認がとれ次第、我が社のログイン詳細の書かれたメモを、購入の権限のある人たちに送ります。

8. 正解 (B)

このメールはどうして送られたのですか。

(A) より多くのオフィス用品を Acton Office Supplies から購入するように促すため。
(B) 納入業者の1つに関しての変化について従業員に知らせるため。
(C) Acton Office が Fast Office を買収したことを知らせるため。
(D) オフィス用品の購入コストを減らすため。

> 納入業者が買収されたことにより、どのように今後の購入方法に変更があるかを知らせているので、(B) が正解。(C) は買収する方とされる方が逆。

9. 正解 (C)

どのような約束を Fast Office はしましたか。

(A) サービスがよくなるだろうということ。
(B) オンラインサービスがすぐに利用可能になるということ。
(C) 価格を同じにしておくようにするということ。
(D) 今年の終わりまでにカタログが送られるということ。

> 第2パラグラフの assured に注意。その後に「これまで我々が慣れてきた価格で」とあり、値段があまり変わらないだろうということが推測できる。

10. 正解 (B)

Mrs. Brentwood はなにを奨励していますか。

(A) 管理スタッフが新しいカタログを注文すること。
(B) 購入担当スタッフがオンラインサービスをよく調べること。
(C) 従業員たちが、オンラインサービスのためにログインできるよう段取ること。
(D) スタッフが電話による注文サービスを十分に活用すること。

> 答えは第3パラグラフにある。電話による注文ができなくなるので、オンラインサービスに慣れるように求めている。よって、(B) が正解。

Answers - Test 2

問題 1 - 5 は次の広告と E メールに関するものです。

Snack World 社では、工場の生産ラインへの大規模な改修工事が終わり、小売店の担当者の方々に工場見学をご案内しております。ご訪問者は、今秋発売されるなかから選りすぐりのお菓子をお受け取りいただき、また、現在市場に出回っている、お菓子製品の全てをご試食いただけます。

見学は次のスケジュールで参加可能です。
月曜日から金曜日：完全に稼働している生産ラインを含め、工場を見学できます。また、製品試食コーナーも開いています。

第 2、第 4 土曜日 (全工場検査日)：お客様は工場の見学はできますが、生産ラインは停止しており、製品試食コーナーも閉まっています。

社員食堂は 11 時から 14 時まで、上記の日のすべてで開いています。しかし、土曜日はメニューが限られます。その他の曜日は会社が休みのため見学はありません。

予約は、電話、ファックス、E メールで承ります。見学者の人数、ならびにご一行の責任者の方のお名前、そして、ご希望の訪問日をお書きください。見学をキャンセルされたい場合は、見学日の前または当日に、工場の受付までお電話ください。

保安上の理由のため、ご一行の責任者の方は、社員証または運転免許証などの身分証明をお持ちいただく必要がございます。

写真撮影につきましては、「写真撮影禁止」の掲示があるところ以外では、おおむね許可されています。

差出人：Ethan Williams, Omega Market 社
あて先：Snack World 社
件名：工場見学についてのお問い合わせ
日付：9 月 27 日

拝啓

貴社のウェブサイトで宣伝されていた工場見学について問い合わせたく書いています。

私たちは、見学を申し込む計画を立てているところですが、60 名の従業員がすでに参加に興味を示しておりまして、そのような大きな団体が受け入れられるかどうか、また、私どものグループ全員が同時に社員食堂を利用できるかどうかを知りたく存じます。

必要でしたら、2 つのグループに分かれ、別の日に訪問することも可能です。10 月 29 日が私どもにとってもっとも都合がよいのですが、もしその日に見学を受け入れていない、またはすでに予約で一杯でしたら、11 月 6 日以外の火曜日でしたらいつでも大丈夫です。しかしながら、休暇シーズンの始まる前までに、見学を完了する必要があります。

私どもは、貴社の製品に大変関心を持っておりまして、工場を見学できることに興奮しております。

すぐにお返事がいただけることを楽しみにしております。

Ethan Williams
仕入部長

1. 正解 **(A)**

Omega Market について、どれが正しいですか。
(A) 従業員たちを工場見学に勧誘しているところである。
(B) 約 60 人の人がすでに見学を行なった。
(C) 従業員たちは同じ日に見学をしなければならない。
(D) 休暇シーズン中に見学を行ないたい。

> すでに 60 人が参加に興味を示していると述べているので、現在募集中であることが推測できる。よって、(A) が正解。

2. 正解 **(B)**

広告によると、次のどれが正しいですか。
(A) 新しいスナック菓子は割引価格で入手できる。
(B) 新製品が秋に販売される。
(C) 工場見学は制限はあるが日曜日にも可能である。
(D) 見学に出席する者は全員身分証明を持参する必要がある。

> confectionery that is to be put on sale this autumn とあるので、(B) が正解。

3. 正解 **(A)**

広告とメールから何が推論できますか。
(A) Omega Market の従業員は Snack World 社の製品に関心がある。
(B) Snack World 社は、個人に対しても見学を行なっている。
(C) 工場は日曜日にも稼働している。
(D) Snack World は大規模な改修を計画しているところである。

> E メールの最後に、We are very interested in your products とあるので、(A) が正解。

4. 正解 **(D)**

見学の予約キャンセルはどのように行なえますか。
(A) 本社に電話することによって。
(B) メールを送ることによって。
(C) ファックスを送ることによって。
(D) 工場に電話することによって。

> キャンセルについては、工場の受付に直接電話するように書かれているので、(D) が正解。

5. 正解 **(D)**

見学中の写真撮影について何が述べられていますか。
(A) 写真撮影は見学中は許可されていない。
(B) 写真撮影は工場のどこででも行なうことができる。
(C) 見学参加者は許可を得る必要がある。
(D) 写真撮影が許可されている場所がいくつかある。

> 知らせの最後に、写真撮影については "No Photographs" の掲示があるところ以外では、generally permitted とあるので (D) が正解。

問題 6 - 10 は次の広告と E メールに関するものです。

技術コンサルタント募集

バンクーバーの法律事務所、Maple Law Firm は、特許実務を支援する技術コンサルタントを雇用したいと考えています。

応募者は発明に関する特許とその他の法律事務における 3 ～ 5 年の経験、技術工学分野での上級学位、そしてコンピューターソフトウェアなどの現代科学技術の分野での実務経験を持つことが理想的です。フランス語が流ちょうであることは不可欠であり、他の外国語の読み書き能力も望ましいです。

履歴書をメールにて、greg.walters@patentlaw.com の Greg Walters までお送りください。

差出人：John Randal
あて先：Greg Walters
件名 ：Technical Consultant Position

Walters 様

Legal News の10月号に掲載されていた、技術コンサルタントの求人広告に関して書いています。私は、自分の経験と経歴から、私がこの職に理想的な候補者であると信じています。

私は、電気工学で修士号をとり大学を卒業した後、工業用のソフトウェアを設計ならびに作成する仕事をしていました。その後、ヨーロッパ特許協会で技術アナリストとして働きました。その仕事では、英語、フランス語、ドイツ語の3カ国語で勤務することを求められました。また、オランダに住んでいたので、オランダ語も流ちょうです。

結婚後、私はアメリカ人の妻とともにカリフォルニアに移住し、そこで、特許法を勉強しました。そして、この5年はサンフランシスコの法律事務所に技術コンサルタントとして勤務しています。妻の仕事のために、来年1月にバンクーバーに転居予定であり、私はこの分野で働き続けたいと考えています。

履歴書を添付しました。お会いできる機会をいただけるのをとても楽しみにしております。

敬具

John Randal

6. 正解 (B)

Mr. Randal は、どのような理由でこの職の要件を満たしていますか。

(A) ヨーロッパで働いたことがある。
(B) ソフトウェア業界で働いたことがある。
(C) バンクーバーに引っ越す予定である。
(D) オランダに住んでいた。

> 選択肢の中で、広告に書かれている応募要件は (B) だけなので、これが正解。

7. 正解 (C)

Mr. Randal は現在、どこで働いていますか。

(A) ヨーロッパ特許協会。
(B) 電気工学部。
(C) サンフランシスコの法律事務所。
(D) ソフトウェアを設計作成する会社。

> 第3パラグラフに、この5年はサンフランシスコの法律事務所で働いているとの記述がある。よって、(C) が正解。

8. 正解 (D)

仕事に必要なものとして述べられていないものはどれですか。

(A) 現代科学技術分野での勤務経験。
(B) 技術工学分野での上級学位。
(C) 特許における数年間の経験。
(D) バンクーバーの法律事務所で働いた経験。

> 求人広告には、バンクーバーで働いたことがあるということが必要だとは述べられていないので、(D) が正解。

9. 正解 (B)

Mr. Randal が仕事を申し込んだ理由として E メールで示唆されているのはどれですか。
(A) ヨーロッパから移住してきたばかりである。
(B) 妻の仕事のためにカナダに移住する予定である。
(C) サンフランシスコで勤務したい。
(D) 特許法を勉強したい。

> 妻の仕事で、バンクーバーに移住するとの記述があるので、(B) が正解。サンフランシスコ在住なので、(C) は不可。

10. 正解 (B)

仕事を得るために応募者はどの外国語能力を必要としていますか。
(A) ドイツ語と、流ちょうなオランダ語。
(B) 流ちょうなフランス語と、別のもう 1 つの言語。
(C) フランス語、ドイツ語、オランダ語。
(D) フランス語だけ。

> 求人広告で求めているのは、フランス語とその他の言語 1 つ。よって、(B) が正解。

900点の条件 12

語彙への依存度が低く、文脈から単語の意味を推測することができる

●知らない単語の意味を推測できるか

英文を読む上で、常に問題となるのが語彙です。知らない単語が出てくると、それだけで文全体の意味まで分からなくなってしまうという方も多いのではないでしょうか。

そういうことにならないために、普段から単語集などを使ってコツコツと覚えることは大切です。知っている単語の数が増えれば、知らない単語に遭遇することも少なくなります。しかし、同時に、知らない単語が出てきたときにどう対処するかも900点を取るためにはとても重要です。「知らない単語が出てきたら、もう分からない」では高得点はおぼつかないからです。

そこで、900点を目指すにあたり、

> 文脈や文の構造から、単語の意味を推測できる

というスキルを身につけてください。

文中の知らない単語の意味は、文全体の意味と構造を把握すれば推測できます。例えば、次の例文を見てください。

> The sales manager called a meeting in an attempt to **infuse** a little confidence and energy into his staff, who were discouraged by the failure of the promotional campaign.
>
> 営業部長は、販売キャンペーンの失敗でがっかりしている社員たちに、自信とエネルギーを_____ために、会議を開いた。

たとえ infuse の意味を知らなくても、文全体の意味と前置詞の into から「吹き込む」とか「注入する」という意味であると推測できると思います。

さらに、長文の場合、知らない単語が出てきた文の意味だけを考えるのではなく、そこまでの文脈もヒントとなります。次の2つの文を読み比べてみてください。

> ① In order not to miss this opportunity, retailers across the country are trying very hard to **replenish** their stocks.
>
> ② Novel Technologies Ltd. brought its new portable music player Mobile-X2 on the market last month, and it is selling extremely well. In fact, it is so popular that customers are having a hard time finding one at stores. In order not to miss this opportunity, retailers across the country are trying very hard to **replenish** their stocks.

いかがでしょうか。①はパッセージの途中から抜き出したもので、②がそのパッセージ全体です。①のように1つの文だけで考えるより、最初の2文の意味を背負って読むと、より簡単に意味が推測できるはずです。

読解が苦手な学習者ほど、英文の意味を取りたいという気持ちのあまり、もっとも手軽に文意がとれそうな方法、つまり、「重要そうな単語の意味を拾い集めて、

おおよその意味を推測する」というやり方に頼ってしまうようです。しかしながら、この方法が通じるのは

① 文中に自分の知らない単語がないこと
② 重要な単語を拾って読むだけで意味が分かる程度の内容

の場合だけです。それに、この読み方では、英文から得られる情報が少なくて、いつまでも曖昧にしか読めないことになります。条件 10 でも解説したとおり、英文の意味は、重要そうな単語だけが持っているわけではありません。文脈や文の構造なども意味を持っているからです。

普段から、英文を読むときは、単語がわからなくても周りの文脈から推測するように心がけてください。知らない単語が出てきても、すぐに辞書を引かず自分なりに意味を想像してから、辞書で引くとよいでしょう。

> Novel Technologies Ltd. は、新しい携帯音楽プレイヤー Mobile-X2 を先月市場に出した。そして、それは非常によく売れている。実際、あまりに人気が高いため、客は店で見つけることが難しい。この機会を逃さないために、国中の小売店は在庫を補充するためにたいへん努力をしているところである。

●自分の知らない意味で使われている単語を処理できるか

もう1つ、語彙を処理する上で目指すべき能力があります。
それは、

> 知っている単語が自分の知らない意味で使われている場合でも、それに気がつき、知らない単語として処理し、文脈から意味を出せる

ということです。

ボキャブラリー編でも述べましたが、よく知っている単語でも、自分の知らない意味を持つものが多数あります。もし英文を読んでいるときに、「この単語は自分の知らない意味で使われている」と気がつかなければ、自分が覚えた意味で理解しようとすることになります。しかも、自分は「意味を知っている」と思い込んでいるのですから、文の残りをねじ曲げてでも、無理にその意味が当てはまるように理解しようとするのです。

これに気がつくかどうかも、やはり文脈や単語の使い方に注意しているかにかかっています。自分の知っている意味だと文脈に合わないとか、自分の知っている使い方だとこんな使い方はしないなどと気がつけば、他に意味を持っているのではないかと思い至るはずです。

次の例文の意味を考えてみてください。

例 1

The CEO had serious reservations about the proposed investment plan.

この例文では、reservations が「予約」とは異なる意味で使われているのに気がつきましたか。reservations を「予約」だと思い込むと、それに基づいて全体の意味を取ろうとしてしまいますし、reservation は「～の予約」という場合は前置詞は for になると知っていても、文中の about を見なかったことにしてしまいます。

そうするよりも、むしろ、文法や構文などを正確に把握し、文脈から導き出してください。

ためしに、reservations を空欄にしてみましょう。日本語でかまいませんので、どのような意味の語が入るか考えてみてください。

例2

The CEO had serious _____ about the proposed investment plan.
CEO は、提案された投資計画について、深刻な _____ を持っていた。

これだと、「疑念」とか「不安」といった意味になるのではないかと推測できると思います。もし、例1で reservations が「予約」以外の意味で使われていると気がつかなかったとか、それは分かったけど意味が分からなかったという場合、reservations は文の意味を取る役に立つどころか、ない方がマシだったということになります。このように、知っている単語がかえって足を引っ張ることもあるのです。

たとえよく知っている単語であっても、自分の知らない意味で使われていたら、それはやはり自分にとっては「知らない」単語なのです。見覚えがあって、意味を1つ知っているからといって、その単語を鵜呑みにしないように注意しましょう。必ず文脈を背負って読み、単語の意味を確認してください。

Check!

診断テスト 16 では、知らない単語の意味を当てられるかどうか、知っている単語が意外な意味で使われているときに、惑わされずに読めるかどうかを測ります。

診断テスト 16 ── 単語の依存度を測るテスト

診断テスト16では、知らない単語や、簡単でも意外な意味を持つ単語に惑わされずに、文脈や構造を踏まえて読めているかを測ります。

Test 1：難解な単語の意味を当てる 16 問
Test 2：意外な意味の単語を当てる 16 問

英文を一度だけ読みます。途中で戻り読みをしたりしないでください。戻って読むのがくせになってしまっている人は、p.312 で紹介しているように、名刺大の紙を使って、視線より 2 ～ 3 語遅れぐらいで、読んだところを隠しながら、読み進めると良いでしょう。

文末まで読んだら、ページ下の解答欄を見てください。その英文で使われていた単語の意味を問われますので、それを記入します。難しい単語の意味も問われていますが、知らないものでも文脈から意味を引き出せるようになっていますから、全体の意味を把握しながら読み進めてください。

どうしても分からない場合は、英文に戻って読み返しても結構です。ただし、その場合は、0.5 点減点となります。

解答は厳格に単語訳と同じでなくても、大意が合っていれば正解にしてください。

なお、この問題には練習はありません。目標は 32 問中 27 問です。

Test 1

英文は読み返さず、一度で読み、読み終わったらページ下の解答欄に記入してください。

1	John prodded the potatoes in the saucepan with a fork to see if they were cooked enough.
2	The actor always ate a frugal lunch because he found it difficult to perform after a heavy meal.
3	In some countries, you are expected to pay a gratuity to your waiter or room maid if you receive good service.
4	The price of the jacket was a bit too high, so John haggled and ended up paying half the original price.
5	My mother always cut off the crust from the bread when making sandwiches.
6	The doctor gave his patient a more potent medicine after the previous medicine turned out to be ineffective.
7	The director of sales tendered his resignation because he wanted to start his own marketing business.
8	The Independence Day Parade proceeded slowly down the main thoroughfare.

解答欄	解答時に英文に戻ったら 0.5 点減点	✓減点
1	prod の意味は？	
2	frugal の意味は？	
3	gratuity の意味は？	
4	haggle の意味は？	
5	crust の意味は？	
6	potent の意味は？	
7	tender の意味は？	
8	thoroughfare の意味は？	

英文は読み返さず、一度で読み、読み終わったらページ下の解答欄に記入してください。

9	The magazine is criticized because it only aggregates articles and opinions from many other publications and doesn't include original articles.
10	The organization's statutes require that the election for the new president take place within three months.
11	Noah Walker was on the team from the project's inception to its completion.
12	The new science textbook is replete with many easy-to-understand examples of the theories explained.
13	The actor's perfunctory performance showed that, although he knew the play very well, he wasn't really interested in it.
14	Although my family was not affluent, we still had enough money to enjoy holidays abroad.
15	Without any previous examples of the language found in the old document, the experts could only conjecture about its meaning.
16	John's so-called "true story" was mainly a contrivance by himself with little fact involved.

解答欄	解答時に英文に戻ったら 0.5 点減点	✓減点
9	aggregate の意味は？	
10	statute の意味は？	
11	inception の意味は？	
12	replete の意味は？	
13	perfunctory の意味は？	
14	affluent の意味は？	
15	conjecture の意味は？	
16	contrivance の意味は？	

Test 2

英文は読み返さず、一度で読み、読み終わったらページ下の解答欄に記入してください。

1	Helen was beginning to fall asleep when the telephone suddenly rang, which caused her to start and fall off the chair.
2	Reducing energy consumption is believed to be important to check global warming.
3	The people in the south of the country eat a lot of beans, peas and other pulses.
4	Ms. Hughes has been working at the mint for more than ten years and has worked on the designs of many new coins in that time.
5	When the doorbell rang, Matthew's wife was in the bathroom changing the baby, so he answered it instead.
6	The new sales manager always talks with his staff in a very friendly fashion, so everyone likes him.
7	Mary was given leave to attend the music master class even though she would have to miss school.
8	Rachel had a boring job full of pedestrian tasks but the pay was good, and so she continued to work.

解答欄	解答時に英文に戻ったら 0.5 点減点	✓減点
1	start の意味は？	
2	check の意味は？	
3	pulse の意味は？	
4	mint の意味は？	
5	change の意味は？	
6	fashion の意味は？	
7	leave の意味は？	
8	pedestrian の意味は？	

英文は読み返さず、一度で読み、読み終わったらページ下の解答欄に記入してください。

9	Kathy gathered from the look on her colleague's face that the meeting had not gone well.
10	The seafood that Jane ate at the restaurant strongly disagreed with her, and she was very sick that night.
11	As Thomas walked through the river, it became cloudy, so he couldn't see his own feet in the water.
12	Howard was trying very hard to concentrate on his report, so, when the road works started just outside his office, he got cross and distracted.
13	My wife asked me to cut the onions for her because her eyes began to smart.
14	When Kate's mobile phone rang, she was busy negotiating the narrow entrance to the parking lot.
15	Ms. Clark entered the room and said something to Mr. Holstein, and he left the meeting to attend to some urgent problem.
16	The company's vacation of the offices left the building's owner with a serious decrease in income.

解答欄	解答時に英文に戻ったら 0.5 点減点	✓減点
9	gather の意味は？	
10	disagree の意味は？	
11	cloudy の意味は？	
12	cross の意味は？	
13	smart の意味は？	
14	negotiate の意味は？	
15	attend の意味は？	
16	vacation の意味は？	

達成度の計算

1 Test 1 と Test 2 の得点を足して、合計得点を算出します。

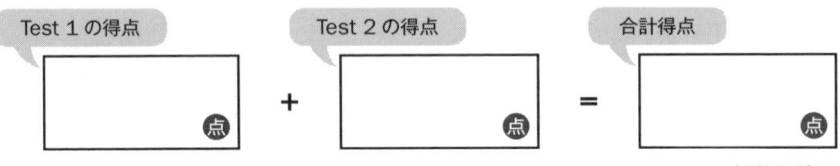

Test 1 の得点		Test 2 の得点		合計得点
点	＋	点	＝	点

端数切捨て

2 下記の表から、診断テストの得点を求めてください。この得点が、そのまま条件 12 のスコアとなります。p.318 のチェックシートに書き写しましょう。

太枠 900 点圏内

正答数	得点	正答数	得点
27 問以上	**10 点**	21 問	**4 点**
26 問	**9 点**	20 問	**3 点**
25 問	**8 点**	19 問	**2 点**
24 問	**7 点**	18 問	**1 点**
23 問	**6 点**	17 問以下	**0 点**
22 問	**5 点**		

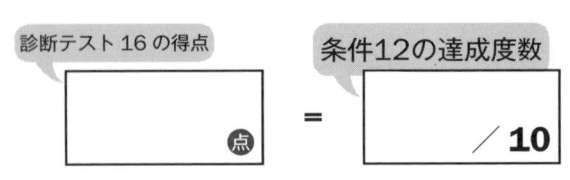

診断テスト 16 の得点 ＝ 条件 12 の達成度数 ／ 10

この結果を持って p.318 の
スコアシートに Go ➡

Answers - Test 1

1. John は十分火が通っているかどうかを確かめるために片手鍋のジャガイモをフォークで**突き刺した**。

   | 解説 | 突く、突き刺す |

2. その俳優は、重い食事の後は演技をするのが難しいと感じていたので、いつも**質素**な昼食を取っていた。

   | 解説 | 質素な、簡素な |

3. サービスがよければウェイターやルームメイドに**チップ**を払うことになっている国もある。

   | 解説 | 心づけ、チップ |

4. ジャケットの値段がちょっと高すぎたので、John は**値切った**。そして、結局最初の価格の半分を払うこととなった。

   | 解説 | 値切る |

5. 私の母は、サンドイッチを作るときいつもパンから**耳**を切り落とした。

   | 解説 | パンの耳、パンの皮 |

6. その医師は、以前の薬が効果がないことが分かったので、自分の患者にもっと**強力**な薬を渡した。

   | 解説 | 強力な、強い効果を持つ |

7. 営業担当の取締役は、自分自身のマーケティング会社を始めたかったので、辞表を**提出した**。

   | 解説 | 提出する、申し出る |

8. 独立記念日のパレードが、ゆっくりとメインの**大通り**を下って行進した。

   | 解説 | 大通り、目抜き通り |

9. その雑誌は、他の多くの出版物から記事や意見を<u>集める</u>だけで、独自の記事を含んでいないので、批判されている。

   解説 集める、まとめる

10. その組織の<u>規則</u>は、新しい会長の選挙が3カ月以内に行なわれることを求めている。

    解説 規則、規定

11. Noah Walker はそのプロジェクトの<u>開始</u>から完了までチームにいた。

    解説 始まり、初め

12. 新しい科学の教科書は、説明されている理論の理解しやすい例を<u>たくさん含んでいる</u>。

    解説 (〜で) いっぱいで (with)

13. その俳優の<u>おざなりな</u>演技は、彼がその劇をよく知っているにもかかわらず、あまり興味がないということを示していた。

    解説 いいかげんな、やる気のない、形だけの

14. 私の家族は<u>裕福</u>ではなかったが、それでも海外で休暇を過ごすのに十分なお金を持っていた。

    解説 豊かな、裕福な

15. 古文書で見つかった言語はこれまでに例がなかったので、専門家たちは意味について<u>推測する</u>しかできなかった。

    解説 推測する

16. John のいわゆる、本当の話というのは大部分が彼自身による<u>作り話</u>で、事実はほとんど含まれていなかった。

    解説 考案物、計略

Answers - Test 2

1 電話が突然鳴ったとき、Helen は居眠りしそうになっているところで、彼女は**驚いて**イスから落ちた。

| 解説 | 驚く |

2 地球温暖化を**抑制する**ためにエネルギーの消費を減らすことが重要だと信じられている。

| 解説 | 阻止する、抑制する、止める |

3 その国の南部の人たちは、インゲンマメやエンドウマメ、その他の**豆類**をとてもたくさん食べる。

| 解説 | 豆類 |

4 Ms. Hughes は、10年以上も**造幣局**で働いてきて、その間にたくさんの新しい硬貨のデザインに従事してきた。

| 解説 | 造幣局 |

5 ドアベルが鳴ったとき、Matthew の妻はバスルームで赤ちゃんの**おしめを替え**ていたので、代わりに彼が出た。

| 解説 | 〜のおしめを替える |

6 新しい営業部長はいつもとても気さく**な感じ**でスタッフと話すので、皆に好かれていた。

| 解説 | やりかた、方法 |

7 学校を休まなければならなくなるにもかかわらず、Mary は音楽の上級コースに出席する**許可**をもらった。

| 解説 | 許可 |

8 Rachel の仕事は**つまらない**業務でいっぱいの退屈なものだったが、給料がよかったので働き続けた。

| 解説 | つまらない |

9	同僚たちの顔つきから、Kathy は会議がうまく行かなかったのだと**推測した**。
	解説 （見聞きしたことから）推測する

10	Jane がレストランで食べたシーフードはまったく彼女に**合わない**もので、その晩、彼女はものすごく体調が悪かった。
	解説 （食べ物などが）合わない

11	Thomas が川を通って歩くと、川が**濁った**ので、水中にある自分の足を見ることができなかった。
	解説 濁った

12	Howard は自分のレポートに集中しようと懸命だったので、道路工事がオフィスのすぐ外で始まったとき、**不機嫌**になって気が散った。
	解説 不機嫌な（形容詞）

13	妻が、目が**ひりひりし**出したので代わりにたまねぎを切ってほしいと私に頼んだ。
	解説 ひりひり痛む、うずく

14	携帯電話が鳴ったとき、Kate は駐車場への狭い入り口を**なんとか通り抜ける**のに忙しかった。
	解説 切り抜ける、通り抜ける

15	Ms. Clark は部屋に入り Mr. Holstein に何かを告げた。そして、彼は緊急の問題を**処理する**ために会議を抜けた。
	解説 （〜 to A）で、A を処理する、扱う

16	会社のオフィスからの**立ち退き**は、そのビルのオーナーに収入の深刻な減少をもたらした。
	解説 明け渡し、立ち退き

条件を満たすための学習法

ここで、900点を突破するために必要なリーディングの学習法と方針をまとめておきましょう。

➡ **一度で理解することを目標にする**
普段から一度で全てを理解するということを心がけてください。
何度も読んでようやく理解できる、または、一度しか読まないけれども意味が曖昧にしか取れない、ということのないように、読むスピードを遅くしてでも、一度で理解するという読み方を身につけることが重要です。

➡ **文法・構文も処理する**
重要そうな単語を拾い読みするだけでは、一度で全てを理解することはできません。文法・構文も正しく処理し、しかもそれを意味に昇華するようにしてください。

➡ **イメージや印象に転化しつつ全体像を把握する**
長文は、個々の文をバラバラに読むのではなく、1つの物語のように全体像を把握しながら読むことが大切です。そして、イメージや印象にすることを忘れずに。それができれば、自動的に内容を覚えられ、多くの問題は長文を読み直すことなく解けるはずです。

➡ **単語への依存度を下げる**
個々の単語の意味を積み上げで全体の意味を取るだけでなく、全体の流れから、知らない単語の意味を引き出しながら読みましょう。個々の単語の意味も検証しつつ意味に組み込むことを忘れないでください。

リーディング練習法

① 読みながら理解する練習

読み終わった時点で全てが理解できているようにするためには、読み進めながら、読んでいるところまではきちんと理解するということが必要です。理解しながら読み進めれば、戻って読む必要はないからです。そこで、戻り読みしないように、読んだところを隠しながら読み、最後まで読み終わった瞬間に内容を口頭で出すという練習をおすすめします。

読んだところは紙で隠していく
視線より2〜3語遅れぐらいで

目に入っているところ

Due to a mistake by the accounting department, Mr. Tucker's salary last month had not been deposited into his account.

視界外

読んだところを紙で隠せば、戻って読むことはできませんから、理解しながら前に進むという姿勢になりやすいのです。したがって、紙を戻して前を見ることは避けてください。あくまでも、一発勝負のつもりで読みましょう。

ただし、英文を丸暗記して、読み終わった後に英文を思い出して訳しながら意味が言えても役に立ちません。あくまでも、読みながら理解しているかどうかがポイントです。英文の途中でも「ふんふん、なるほど」と相槌を打ちながら読めるかどうか確認してください。

ある程度慣れてきたら、紙を使わずに同じように理解しながら読み進むという練習にうつりましょう。

② 3-Step メソッド

数日～1週間を1サイクルとし、その間に同じ問題を異なる方法で解くという方法です。答えを1～3回目それぞれ別々に書いてください(下記参照)。答え合わせをした後に、それぞれの回で何点だったかを集計します。

1回目　本番練習、速読練習

試験本番と同じように、制限時間内に何も見ないで解く。途中で時間がなくなって、最後の数問は読まずに解くということのないように。正答率よりも最後まで解き切ることに重点を置く。Part 7(長文読解)は、Single Passage 1問60秒、Double Passage 1問65秒。

2回目　熟読練習

1回目が終わったら2回目に入る。時間制限なしで、何も見ないで解く。もう一度長文をじっくり読み返し、1回目で引っかかった問題や、時間に追われてよく考えられなかった問題を中心に、全問よく考えること。2回目にどれくらい考えたかで、伸びが決まる。1日ちょっとの時間で構わないので、必ず数日にわたって行なう。もし知らない単語が出てきても、文脈から予想しておく。この時点では辞書や文法書など一切使わず、自分の力だけで解く。

3回目　定着練習

数日にわたって2回目をやったら、3回目に入る。ここでは、文法書と辞書を使って、全問正解を目指す。なぜ自分がこれを選んだのか、なぜ他の選択肢が違うと思ったのかも考えて、それを問われても答えられるようにしておく。1つの英文につき、15秒以内に訳を口頭で出せるようにしておく。ただし、文の訳はノートに書かない。訳せない単語は辞書を引き、メモしておく。辞書で引いた単語は、テキストに直接書き込まず、ノートに書く。テキストには何も書き込まない。

解答用紙の例

	1回目	2回目	3回目	メモ
181	A	B	B	
182	C	C	C	
183	A	D	A	
184	A	A	A	
185	C	C	D	
⋮				
200	B	C	B	
合計	11/20	14/20	18/20	

答え合わせ

3回目が終了したら、答え合わせをします。間違った箇所の確認をした後、それぞれの回の点数を比べてみましょう。文法の3-Stepメソッドと同じように、1回目の点数が現時点でTOEIC本番で取れる点数。2回目の点数は近い将来の点数、3回目の点数は少し離れた将来の点数と考えてください。

回を追うごとに点数が上がるはずですが、もし、2回目の点数よりも1回目の点数が著しく悪い場合は、スピードが足りないことになります。

1回目と2回目の点数がさほど変わらず、両方とも思わしくない場合は、基本的な読解力に問題があるか、またはボキャブラリー不足と考えられます。

3回目の点数が9割に達しない場合、制限時間なしで辞書まで見ても解けないのですから、ボキャブラリー、文法、基本的な読解力のそれぞれを全体的に向上させるようにしましょう。

コラム

あれば有利な一般常識

TOEICでは、経済・ビジネスに関する話からメニューや納品書にいたるまで幅広い分野とスタイルの設問が出題されます。どの長文も、専門的な知識がなくても、設問に正答できるようにはなっています。しかし、あらかじめ予備知識があったほうが解きやすくなることはよくあることです。

たとえば、経済やビジネスにまつわる記事を読むとき、この分野が得意なほうが、英語以外の自分の知識を使える分有利です。これは学問的な知識だけではありません。たとえば、水道・ガス・電気料金の請求書などについても、どんなことが書かれているのかが分かっていれば、実際に出題されたときも対応しやすいといえます。

英語力の向上というのは、簡単なことを難しい単語と難しい文法を使って、読み・書き・聞く・話すができるようにすることだけではありません。たとえば、「私は昨日6時に夕食を食べた」という内容を高度な英語で言うだけではないのです。英語が上達すればするほど、高度で幅広い内容を問われることになります。そのときに、どんな話にでもついていける知識がなければ英語力が高くともついていけないのです。

TIMEやNewsweekといった英文雑誌は、多くの学習者が挑戦し挫折すると言われています。しかし、それは英語が難しいだけでなく、取り扱われている内容が難しい、または、なじみのないものだからです。つまり、英文雑誌を読んで理解できないとき、単に英語のせいではないこともあるのです。日本語で分からないものは英語で分かりません。

英語が上達するにつれて、語学上の上達だけではなく、どんな話にでもついていけるように自分の知識を広げることが大切です。そして、練習では、幅広い知識やネイティブの「常識」を吸収するつもりで英文を読むように心がけてください。

900点問診票の集計

それではまず、診断テストの結果を集計する前に、各章の最初に行なった900点問診票の集計をしてみましょう。各章の問診票の点数を下記の欄に書き写してください。

Chapter 1 ボキャブラリー編	／**60**
Chapter 2 リスニング編	／**60**
Chapter 3 グラマー編	／**60**
Chapter 4 リーディング編	／**60**

900点問診票では、「こうなってはまずい」という項目をあげ、それに対して自分がどの程度当てはまるかを、「まったく当てはまらない」を意味する0点から、「とてもよく当てはまる」を意味する4点で評価したものでした。したがって、点数が高いほど「まずい」度合いが高くなります。

ただし、この点数は、客観的な試験による結果ではなく、自分の主観的な認識によるものです。そこで、次の点に注意して、今後の練習に役立ててください。

- ボキャブラリー、リスニング、グラマー、リーディングの各章の中で、いずれかが突出して悪いものがないかどうか確認してください。もしあれば、普段の学習法や取り組み方を考え直しましょう。

- それぞれの章の問診票のページに戻り、4点をつけたものがないか確認してください。あれば、もっとも注意すべき項目として、学習中は常に認識するように心がけてください。

- 項目の中には、練習法に関する項目など、すぐに改善できるものもあるはずです。それらの項目については、早速今日から気をつけてください。

- ほとんど全ての項目において、0〜1点しかつけていないということはありませんか。その場合、自分に対する合格ラインが低すぎる可能性があります。自分が目指す900点の能力から見て、本当にそこまでできているのかを確認してください。自分のレベルが上がるにつれて、合格と思ってもよいハードルも上げないと、中途半端に満足してしまって上達しにくくなります。ネイティブから見て自分の英語がどうなのかという視点に立って考えましょう。

- 逆に、ほとんど全ての項目において4点をつけている場合は、このままだと、特に何ができていないのかが見極めにくくなります。点数はこのままでかまいませんが、できていない項目の中でも、突出してよくない項目がないか確認してください。

達成度の集計

診断テストのスコアから算出した条件の達成度を下記の表に書き写し、比べてみましょう。

📦ボキャブラリー編

条件1	試験中に知らない単語は(ほとんど)出てこない。	/10
条件2	単語を聞いたときでも瞬時に意味を思い出せる。	/10
条件3	初級・中級レベルのものは使い方まで覚えている。	/10
	合計	点

📦リスニング編

条件4	不得意なアクセントがなく、リスニング問題で単語自体が聞き取れないことが(ほぼ)ない。	/10
条件5	聞き取れた分だけきちんと理解できる。	/10
条件6	全体の流れが取れており、内容を覚えていられる。	/10
	合計	点

📘 グラマー編

条件 7	苦手な文法項目はなく、どの項目も正確に使える。	／10
条件 8	簡単な項目を決して間違えない。	／10
条件 9	選択肢がなくても Part5 と Part6 の問題が解ける。	／10
	合計	点

📘 リーディング編

条件 10	一分間に 150 ～ 180 語以上のスピードで読み、正確に理解できる。	／10
条件 11	長文の内容を覚えているので、長文に戻らなくても答えが分かる。	／10
条件 12	語彙への依存度が低く、文脈から単語の意味を推測することができる。	／10
	合計	点

● ボキャブラリー、リスニング、グラマー、リーディングという 4 つの分野の中で特に点数の低いものがないかどうか確認してください。

●「900 点問診票」の結果とつき合わせて、自分の評価と、診断テストの結果が一致しているか確認しましょう。自分では「できている」と思っているのに、診断テストではできがよくないという項目があれば要注意です。

● 目標は合計点 108 点以上です。これだけあれば、何度受験しても、調子が悪くても 900 点は切らないはずです。また 96 点で 900 点圏内となります。今、点数が悪くてもがんばっていけば大丈夫です。また数カ月後に診断テストをやってみてください。

● 著者略歴

石井辰哉（いしい たつや）

1969年生まれ。滋賀県在住。関西学院大学文学部卒業。TOEIC・TOEFL・英検専門校 TIPS English Qualifications を滋賀県に設立。半年間の語学留学で TOEIC 500点強から900点まで伸ばした経験を生かし、驚異的なスピードで受講生のスコアをアップさせている。単なる知識の習得ではなく、「使える」英語の習得が信条で、日本各地から新幹線やマンスリーマンションを利用して通学するなど、熱心な受講生も多い。取得資格は、TOEIC 990点（満点20回以上）、ケンブリッジ英検特級、実用英検1級、オックスフォード英検上級。

著書に

『TOEIC TEST 文法完全攻略』（明日香出版社）

『文法・構文・構造別リスニング完全トレーニング』（アルク）

『新 TOEIC テスト全パート完全攻略』（アルク）

など多数。

〔著者のサイト〕http://www.tip-s.jp/

［問題作成・英文校正］ David de Pury

CDの内容
- 時間…54分25秒
- ナレーション…Josh Keller / Carolyn Miller / Brad Holmes / Emma Howard

---

CD BOOK TOEIC TEST 900点の条件

2012年5月25日　初版発行

著者	石井辰哉（いしい たつや）
カバーデザイン	竹内雄二

© Tatsuya Ishii 2012, Printed in Japan

発行者	内田眞吾
発行・発売	ベレ出版 〒162-0832 東京都新宿区岩戸町12レベッカビル TEL 03-5225-4790 FAX 03-5225-4795 ホームページ http://www.beret.co.jp/ 振替 00180-7-104058
印刷	三松堂株式会社
製本	根本製本株式会社

落丁本・乱丁本は小社編集部あてにお送りください。送料小社負担にてお取り替えします。

本書の無断複写は著作権法上での例外を除き禁じられています。

購入者以外の第三者による本書のいかなる電子複製も一切認められておりません。

ISBN978-4-86064-321-8 C2082　　　　　　編集担当　綿引ゆか